CONFÍA EN LA VIDA

D1559565

Louise Hay

CONFÍA EN LA VIDA

Quiérete cada día
con la sabiduría de Louise Hay

Afirmaciones compiladas por ROBERT HOLDEN

URANO

Argentina – Chile – Colombia – España
Estados Unidos – México – Perú – Uruguay

Título original: *Trust Life – Love Yourself Every Day with Wisdom from Louise Hay*
Editor original: Hay House, Carlsbad, California, New York City, London, Sydney, New Delhi
Traducción: Núria Martí

1.ª edición Abril 2019

Tune into Hay House broadcasting at: www.hayhouseradio.com

© 2019 de la traducción by Núria Martí
© 2019 *by* Ediciones Urano, S.A.U.
   Plaza de los Reyes Magos, 8, piso 1.º C y D – 28007 Madrid
   www.edicionesurano.com

ISBN: 978-84-16720-67-5
E-ISBN: 978-84-17545-88-2
Depósito legal: B-7.202-2019

Fotocomposición: Ediciones Urano, S.A.U.
Impreso por Rodesa, S.A. – Polígono Industrial San Miguel – Parcelas E7-E8
31132 Villatuerta (Navarra)

Impreso en España – *Printed in Spain*

PRÓLOGO

La última vez que vi a Louise Hay, aproximadamente un mes antes de que falleciera, compartí con ella la idea de publicar un anuario con una entrada diaria en el que aparecieran las mejores enseñanzas de sus libros. «¡Vaya, me encanta la idea!», exclamó Louise entusiasmada apretándome las manos. Parecía una niña a la que le hubiesen acabado de regalar un pastel de cumpleaños. Aunque su cuerpo era frágil —tenía 90 años, después de todo—, su espíritu se veía radiante y lleno de propósito.

Compartí su entusiasmo. Le dije: «Un libro que contenga tus enseñanzas favoritas es una forma estupenda para los lectores de sentirte cada día. Podrán desayunar contigo, meditar contigo, ponerte en el estante de su cuarto de baño [¡Louise esbozó una gran sonrisa al oír esto!], leerte mientras se dirigen al trabajo y llevarte con ellos a lo largo de la jornada».

«¡Ya sabes que cada noche me acuesto con millones de personas de todo el mundo!», me recordó Louise juguetonamente con los ojos brillantes.

«Sí, lo sé», le respondí.

«¡Y también sabes que cada mañana me despierto con millones de personas!», añadió, refiriéndose a la tradición celebrada por millones de fans suyos del mundo entero de empezar y terminar el día con las afirmaciones de Louise, ya sea escribiéndolas o escuchándolas en uno de sus cursos en audio.

Louise fue un icono del movimiento de la autoayuda durante décadas, pero nunca se presentó como una gurú infalible que conociera todas las respuestas. A decir verdad, recalcaba que es *uno* mismo el que tiene el poder de sanar *su propia* vida. Ella estaba aquí solo para guiarnos en el camino de recordar la verdad sobre quiénes somos: unos seres poderosos, afectuosos y merecedores de amor. Sin embargo, su viaje hasta convertirse en «La reina de la Nueva Era», como el *New York Times* la describió en 2008, no fue nada fácil ni tradicional.

CÓMO LLEGÓ A CONVERTIRSE EN LOUISE HAY

Louise compartió con valentía y franqueza la historia de su vida en sus libros, como los maltratos de su padrastro, la violación sufrida por parte de un vecino, el abandono de los estudios en el instituto, el embarazo en la adolescencia y la hija recién nacida que dio en adopción al cumplir los dieciséis. «No tuve valor para suicidarme, pero rezaba cada día para morirme pronto», me contó Louise una vez. «Estaba sufriendo lo indecible en mi vida, pero me las apañé para seguir adelante como fuera».

Más tarde se mudó a Chicago, donde trabajó en cualquier empleo que le saliera. «Huí de los maltratos sufridos en casa, pero me seguí encontrando con más maltratos dondequiera que fuera», recordó Louise. En 1950 se trasladó a la ciudad de Nueva York, donde trabajó como modelo de alta costura para diseñadores como Bill Blass, Pauline Trigère y Oleg Cassini. Allí conoció a Andrew Hay, un empresario inglés, y se casaron. Durante su matrimonio con él viajaron por todo el mundo, conoció a la realeza e incluso cenó en la Casa Blanca.

Pero el mundo de Louise se derrumbó cuando tras 14 años de matrimonio, su marido la dejó por otra mujer. «¡Me descubrí tocando fondo de nuevo!», me contó Louise. «Fue la peor experiencia de mi vida. Quería que la tierra me tragara para siempre».

Un día una amiga la invitó a asistir a una charla que daban en la First Church of Religious Science.[1] «Estuve a punto de no ir, pero me alegro de haber asistido», observó Louise. «Aquella noche, oí a alguien decir: «Si estás dispuesto a cambiar tu forma de pensar, puedes cambiar tu vida». Algo en mi interior me dijo: "Presta atención a esto", y lo hice.»

De la noche a la mañana, Louise se convirtió en una ávida estudiante de metafísica y de la espiritualidad del Nuevo Pensamiento. Sus autores preferidos eran lumbreras como Florence Scovel Shinn, Ernest Holmes y Emmet Fox. «Llevaba años sin leer un solo libro, pero ahora leía cada día», recordó ella. «Estaba lista, y cuando el estudiante está listo, aparecen los maestros y las enseñanzas». Louise se formó en la Iglesia de Ciencia Reli-

---

1. La Ciencia de la Mente, también conocida como Ciencia Religiosa, fue fundada en 1927 por Ernest Holmes (1887-1960) y es un movimiento religioso, espiritual, filosófico y metafísico dentro del Nuevo Pensamiento.

giosa, y más tarde estudió Meditación Trascendental con Maharishi Mahesh Yogi en la Universidad Internacional Maharishi de Fairfield (Iowa).

En la «Escuela de Ciencia Religiosa», como Louise la llamaba, aprendió muchas cosas sobre la conexión entre las enfermedades y los patrones mentales que las producían. (Siempre escribía *malestar* como *mal-estar* para recalcar la conexión entre una dolencia y cualquier cosa que no esté en armonía con uno mismo o con el propio entorno.) Louise empezó a recopilar información de los libros que leía, de las personas con las que trabajaba y de sus propios pensamientos e investigaciones. Más tarde, accediendo a las peticiones de muchas personas que habían visto su lista, publicó sus notas en un pequeño folleto azul titulado *What Hurts*. Al principio, imprimió 5.000 ejemplares. «¡A algunos de mis amigos les preocupaba que si imprimía 4.000 copias fuera excesivo, y que no recuperara el dinero invertido!», me contó. Pero sus amigos no tenían de qué preocuparse. Su «pequeño libro azul», como se acabó conociendo cariñosamente, se agotó en dos años. Segura de que había una auténtica necesidad de leer esta clase de información, Louise amplió su enfoque en su libro *Sana tu cuerpo*.

Alrededor de la misma época le diagnosticaron un cáncer cervical. «¡Toqué fondo de nuevo!», exclamó Louise. «Pero esta vez fue distinto. Mi maestro me dijo: "Louise, no has pasado por todo esto para morirte ahora. Tienes una vida por vivir. Ha llegado el momento de poner en práctica todo lo que has aprendido". Así que eso fue lo que hice». Louise elaboró un programa de tratamiento para ayudar a sanar su propia vida. Aplicó los principios del Nuevo Pensamiento. Se centró en el perdón. Después de trabajar durante varios meses con un equipo de terapeutas, nutricionistas y fisioterapeutas, su médico le confirmó que su cuerpo estaba libre de cáncer.

En 1984, Louise fundó Hay House para publicar su libro *Usted puede sanar su vida*. Incluyó en él material de su pequeño libro azul y enseñanzas de sus popularísimos talleres públicos, así como historias procedentes de sus clientes y amigos. *Usted puede sanar su vida* se convirtió en un fenómeno editorial —se han vendido más de 50 millones de ejemplares en todo el mundo—, e hizo que Louise acabara formando parte de los autores superventas y que, por volumen de ventas de sus libros, ocupara el cuarto puesto entre las escritoras superventas en el pelotón de cabeza liderado por J. K. Rowling, Danielle Steel y Barbara Cartland. Además, ayudó a crear un nuevo género de libros de autoayuda.

Una de las cosas por las que probablemente más se la recordará es por su labor pionera con hombres y mujeres que contrajeron el VIH o sida durante la epidemia de la década de 1980. La profesión médica no sabía qué hacer, y a la gente le daba miedo tocar a cualquiera que tuviera la enfermedad. Los enfermos diagnosticados con el VIH o sida se convirtieron en los nuevos marginados sociales, y vivían sumidos en el miedo, la humillación y el secretismo. Sin embargo, Louise, impertérrita, dio un paso adelante y acogió a un grupo de apoyo dirigido a seropositivos y enfermos de sida cada miércoles por la noche durante seis años y medio.

«Un paciente de mi consulta privada me pidió si podía organizar una reunión para hombres aquejados de sida y acepté. Así fue como empezaron las reuniones», me contó Louise. En la primera se presentaron seis hombres, a los que ella acogió en la sala de estar de su casa. «Les dije que haríamos lo que siempre hago, es decir, centrarme en el amor hacia uno mismo, el perdón y el abandono del miedo. También les señalé que no íbamos a sentarnos ahí a jugar a *¡Qué terrible es!*, porque eso no ayudaría a nadie.»

A las reuniones semanales fueron acudiendo al cabo de poco cada vez más asistentes y se acabaron conociendo como «los Hayride». «Al final llegaron a haber 90 hombres apretujados en mi sala de estar. ¡No tengo idea de lo que pensarían los vecinos! Cada semana conversábamos, llorábamos, cantábamos canciones, hacíamos el trabajo con el espejo y también toda clase de meditaciones curativas dirigidas a nosotros mismos, a los demás y al planeta. Cada noche terminábamos la reunión abrazándonos, un gesto que era bueno para el amor y también *muy bueno* para ligar», recordó Louise con una amplia sonrisa.

La ciudad de West Hollywood, al tener conocimiento de que Louise estaba realizando una labor muy necesaria, le ofreció un espacio en el que cabían cientos de personas. «Al final, acudían unas 800 personas a las reuniones de los miércoles por la noche. Ya no solo eran hombres aquejados de sida los que venían, había hombres y mujeres, y también familiares suyos. Siempre que la madre de alguien asistía a su primera reunión, todos nos levantábamos para ofrecerle un caluroso aplauso.»

Daniel Peralta, uno de los amigos más cercanos de Louise, la conoció por primera vez en enero de 1986, cuando él asistía al estreno de un documental sobre las reuniones Hayride titulado *Doors Opening: A Positive Approach to AIDS*. «Louise Hay me mostró el amor incondicional», me contó Daniel en una ocasión. En un artículo sobre las reuniones Hayride, Daniel escribió acerca de la bondad infinita y la generosidad de espíritu de Louise. «Louise L. Hay nos permitió acceder a una nueva posibilidad, a una forma nueva de ser. Nos enseñó a amarnos a nosotros mismos y nos describió una serie de pasos prácticos para llevarlo a cabo. Nos invitó con delicadeza a estar con nosotros mismos de una forma nueva y diferente, y a practicar el aceptarnos y el cuidar de nosotros mismos. Sus enseñanzas, además de ser atractivas, eran sanadoras. Recuerdo claramente que Louise tenía una capacidad increíble para crear rápidamente una sensación de comunidad y de unir a la gente como si fuera un solo corazón.»

En marzo de 1988, invitaron a Louise a asistir al *Oprah Winfrey Show* y al *Phil Donahue Show* ¡en la misma semana! Después de salir por la televisión en la franja diurna, su libro *Usted puede sanar su vida* se encaramó a la lista de los más vendidos del *New York Times* y se mantuvo en el primer lugar durante 13 semanas. Louise Hay era ahora un nombre muy conocido tanto en Estados Unidos como a nivel mundial.

Afortunadamente, Louise había contratado a personal para que la ayudara y en 1987 fundó la sociedad Hay House. ¡Y demostraron estar equipados para el reto que les planteó su reciente fama! Louise decidió contratar a Reid Tracy, un contable de veinticinco años, de la forma más fortuita. Reid fue ascendiendo en la empresa hasta llegar a ser el presidente en 1998, y contribuyó a que Hay House se convirtiera en líder internacional de la curación y del movimiento de la autoayuda. La empresa Hay House, además de publicar libros, ofrecía ahora también casetes, mazos de cartas, documentales, cursos *online*, talleres internacionales y otros productos. Hay House estableció sedes en Australia, Inglaterra, Sudáfrica e India para que Louise se sintiera como en casa cuando viajara al extranjero.

Aunque Hay House empezó con las enseñanzas de Louise, comenzó rápidamente a acoger a otras personas en la familia, a autores y maestros vanguardistas como Wayne Dyer, Marianne Williamson, Caroline Myss y Deepak Chopra. En una entrevista realizada para la Cumbre Mundial de

Hay House en 2015, Louise me explicó: «Claro que quería que [Hay House] fuera todo un éxito económico para poder pagar los salarios y cuidar de todos, pero también tenía una visión mayor. Lo que en aquella época sabía, y lo sigo creyendo hoy, es que la auténtica finalidad de Hay House es ayudar a *crear un mundo donde sea seguro amarnos los unos a los otros.* Con cada libro que publicamos, bendecimos al mundo con amor».

En los últimos años Louise dejó de dirigir Hay House a diario para poder dedicarse más a fondo a las obras benéficas de la Fundación Hay, fundada en 1986. «Veo al planeta sanado y completo, donde todo el mundo tiene alimentos, ropa y hogar y es feliz», afirmó mientras se disponía a apoyar numerosas causas que merecían la pena. La Fundación Hay raras veces hace público su afectuoso activismo en el mundo. Así es como Louise quería que fuera. Aunque fue muy clara en cuanto a que sanamos nuestra vida no solo en nuestro beneficio, sino también para ser una presencia afectuosa en el mundo, porque cuando nos amamos a nosotros mismos, somos capaces de amar a los demás.

SOBRE EL LIBRO QUE TIENES EN LAS MANOS

En honor a la vida y la labor de Louise, tienes ahora en las manos esta recopilación de sus enseñanzas más inspiradoras extraídas de sus mejores obras. Louise escribió más de 30 libros en toda su vida, como libros de autoayuda, sobre salud, un libro de cocina, una colección de libros infantiles e incluso ¡un libro para colorear! También fue coautora de obras como *Tú puedes crear una vida excepcional* con Cheryl Richardson, y *La Vida te ama,* el libro que escribimos juntos (Robert Holden). Además creó barajas, cursos en audio y *I CAN DO IT!,* (*El Calendario de Louise Hay*). Espero que cada entrada que leas te revele la sabiduría de las enseñanzas de Louise y te inspire a buscar los libros que aún no has leído.

CONFÍA EN LA VIDA tiene 365 entradas, una para cada día, y otra más para los años bisiestos. El título de cada entrada es una afirmación de Louise que puedes poner en práctica. Y el texto constituye un pasaje inspirador para que medites sobre él y lo apliques en tu vida cotidiana. Mientras elegía cada una de las entradas, me imaginaba a Louise sentada a mi lado, como cuando escribimos a cuatro manos *La Vida te ama.* Incluso coloqué otra silla junto a mi escritorio: *la silla de Louise*. A cada entrada que yo seleccionaba, le preguntaba en mi mente a Louise si le gustaba. Si recibía un «SÍ» como respuesta, la incluía; y si recibía un no, ¡la sacaba!

Louise fue una pragmática espiritual. No le interesaba solo la teoría, sino que se centraba en lo que le funcionaba y le ayudaba. *En Usted puede sanar su vida*, Louise escribió: «Me encantan las explicaciones prácticas. Todas las teorías del mundo son inútiles a menos que sepamos cómo aplicarlas para cambiar. Yo siempre he sido una persona muy pragmática con una gran necesidad de saber cómo se hacen las cosas». De modo que me he asegurado de que cada entrada en *CONFÍA EN LA VIDA* te ofrezca una práctica espiritual que pueda hacer una verdadera diferencia en cómo vives tu día.

En *CONFÍA EN LA VIDA* he querido repartir de manera equilibrada *a lo largo del año* las enseñanzas más importantes y esenciales de Louise. Por ejemplo, no he querido reunir todas las entradas sobre el amor hacia uno mismo en febrero o en setiembre. ¿Y qué hay del amor propio el resto del año? Para repartirlas equilibradamente, he consultado la lista que hice con 10 enseñanzas esenciales de Louise. Es la que compartí poco después de su muerte en su página de Facebook con millones de fans suyos para rendirle un homenaje especial.

Mi lista de 10 enseñanzas de Louise Hay no es una lista cerrada, pero espero que te resulte de gran ayuda mientras trabajas con *CONFÍA EN LA VIDA*.

1. *Mírate al espejo*

Louise fue una pionera del trabajo con el espejo: consiste en mirarte profundamente a los ojos y repetir mensajes positivos sobre ti. Si eras un amigo suyo, lo más probable es que hicierais juntos este ejercicio. Cuando escribimos *La Vida te ama*, la mayor parte de nuestras conversaciones tuvieron lugar delante de un espejo que ocupaba por entero una de las paredes de la sala de estar de su casa.

Louise veía la vida como un espejo que nos refleja la relación que mantenemos con nosotros mismos. Si podemos mirarnos al espejo sin censurarnos o avergonzarnos, veremos nuestro yo auténtico, nos perdonaremos a nosotros mismos, seremos más afectuosos con los demás y dejaremos que la Vida nos ame.

Louise recomendaba el trabajo con el espejo a todo el mundo como el método más rápido y eficaz para eliminar los bloqueos que nos impiden amarnos a nosotros mismos. «Cuando alguien viene a mí con un problema, no me importa de qué se trata —ya sea mala salud, falta de dinero, relaciones insatisfactorias o una creatividad sofocada—, yo siempre trabajo sobre una sola cosa, que es el amor a sí mismo», escribió Louise en *Usted puede sanar su vida*. Animaba a todo el mundo a mirarse al espejo por lo menos una vez al día y a decir: «Te amo, te amo de verdad». «No te dé vergüenza hacerlo», decía ella. «No es más que otra forma de decir ¡La *Vida te ama*!»

2. Elige un pensamiento del corazón

Louise era la «reina de las afirmaciones». Veía el mundo como un estado mental. «Lo único a lo que tenemos que enfrentarnos en la vida es a un pensamiento, y los pensamientos se pueden cambiar», escribió en *Usted puede sanar su vida*. «Sea cual fuere el problema, nuestras experiencias no son más que efectos externos de nuestros pensamientos. Incluso el odio hacia uno mismo no es más que odiar la idea que uno tiene de sí mismo.»

Aquí es donde las afirmaciones positivas entran en juego. Sea lo que sea lo que pensemos o digamos, está *afirmando* esa experiencia en nuestra vida, y buena parte de lo que solemos pensar y decir es bastante negativo. Cuando cambiamos lo que pensamos de nosotros mismos (o de otra persona), nuestra experiencia del mundo cambia. Al usar frases positivas en primera persona, afirmamos y creamos más de aquello que *queremos* en nuestra vida. *Decidimos* cambiar nuestros patrones mentales y verbales por otros más positivos.

Louise sanó su vida cambiando su forma de pensar. En una ocasión me dijo: «Mi primera afirmación fue *Soy hermosa y todo el mundo me ama*. Por supuesto, al principio no me lo creí, pero seguí diciéndola una y otra vez y pronto me resultó más fácil. A los tres días más o menos, advertí que la gente era amable conmigo. Encontraba espacios libres para aparcar justamente donde los necesitaba. Los semáforos se ponían en verde para ayudarme a llegar a tiempo a mi destino. Mi primera afirmación cambió mi forma de experimentar la vida. Fue un milagro».

Louise nos animaba a todos a observar nuestros pensamientos y a elegirlos. «¡Ten pensamientos que te funcionen!», recomendaba. Elige un pensamiento del corazón —una afirmación afectuosa— y llévatela contigo a lo largo del día. No te limites a decir afirmaciones. Cántalas en voz alta. Dilas frente al espejo. Pégalas en la nevera. Escríbetelas en la mano. ¡Vive tus afirmaciones de verdad!

3. Escucha tu campanilla interior

A Louise le encantaba hablar sobre su «campanilla interior». Era su forma de llamar afectuosamente a su guía espiritual interior. «Pienso que nuestra mente está conectada con la Mente Única Infinita y, por lo tanto, todo el conocimiento y toda la sabiduría están siempre a nuestra disposición. Estamos conectados a esta Mente Infinita, a este Poder Universal que nos ha creado, por medio de una chispa de luz que hay dentro de nosotros: nuestro Yo Superior o Poder interior», escribió en *El poder está dentro de ti*.

Louise aprendió a vivir siguiendo la voz interior que le hablaba. Confiaba en su campanilla interior. «Cuando inicié el camino espiritual, sentí que no tenía control sobre nada, y que no debía intentar tenerlo. La vida me ha traído siempre lo que he necesitado. Siempre me he limitado a responder a lo que se me ha presentado», le cuenta Louise a Cheryl Richardson en *Tu puedes crear una vida excepcional*, el libro que escribieron juntas.

Una de las prácticas espirituales preferidas de Louise era sentarse en silencio, preferiblemente delante de un espejo, conectar con su campanilla interior y preguntarle: *Dime qué necesito saber hoy*.

4. Perdónales a todos por todo

«¿Cómo se convirtió Louise Hay en Louise Hay?», le pregunté en una ocasión en una entrevista.

Louise me contestó con una sola palabra: «Perdonando».

«Yo no estaría aquí ahora si no hubiera perdonado a las personas que me hicieron daño. No deseo castigarme en el presente por lo que ellas me hicieron en el pasado», escribió Louise en *El poder está dentro de ti*. Definía el perdón, sencillamente, como dejar de aferrarse al pasado, y lo describía como un camino a la libertad y un «ingrediente milagroso» necesario para pintar nuestro futuro con colores nuevos y vivos.

A Louise le regalaron un ejemplar de *Un curso de milagros* poco después de publicarse por primera vez, y las enseñanzas sobre el perdón que contenía fueron para ella especialmente inspiradoras. «En *Un curso de milagros* se reitera una y otra vez que el perdón lo resuelve casi todo», escribió en *Usted puede sanar su vida*.

5. Agradece el día de hoy

Empiezo *La Vida te ama* contando una historia de Louise disfrutando de un almuerzo festivo el día de Acción de Gracias con sus amigos para mostrar hasta qué punto la gratitud era una práctica espiritual diaria para ella y no solo un ritual esporádico. ¡Comenzaba el día dándole las gracias a su cama por haberle permitido descansar bien por la noche! También tenía presente la gratitud a lo largo del día. Recuerdo en especial cómo le daba las gracias a su ordenador, a su coche, a la tetera y a otros objetos inanimados de los que se servía por funcionar de maravilla. «Disfruto más del día cuando me acuerdo de ser agradecida», me contó.

Louise sabía que la gratitud es una afirmación. Cuanto más agradecido eres, más razones descubres para sentirte agradecido. Louise estuvo llevando un diario de la gratitud durante varios años. «Por la noche, justo antes de dormirme, repaso el día, bendiciendo y agradeciendo cada experiencia. También me perdono si me parece que he cometido un error, he dicho algo inapropiado o he tomado una decisión que no era la mejor», escribió en *Gratitud*.

6. Cuida tu cuerpo

La víspera en la que había planeado visitar a Louise, recibí un correo electrónico suyo en el que me decía: «Tráete unos pantalones cortos. Compartirás conmigo mi sesión de Pilates con Ahlea. Sí, lo harás. Aunque tengas que ponerte MIS pantalones cortos». Ahlea Kandro era la fisioterapeuta de Louise y su principal cuidadora, llevaba veinte años ocupándose de su salud.

Louise había estudiado nutrición con Ahlea, practicaba yoga y Pilates, había aprendido a cocinar caldo de huesos y cultivaba sus propias hortalizas y frutas ecológicas en una pequeña parcela de la casa de Ahlea. En aquella época estaban colaborando con Heather Dane en un libro titulado *Pensamientos y alimentos: la dieta definitiva.*

Louise enseñaba que nuestra verdadera identidad se encuentra en nuestro espíritu interior y no en el cuerpo. Aunque afirmaba que cuidar el cuerpo era un acto de amor hacia uno mismo. «Perdónate por no haber tratado bien a tu cuerpo en el pasado y empieza hoy a tratarlo con amor y respeto», enseñaba. Una de las afirmaciones preferidas de Louise era: *Escucho con amor los mensajes de mi cuerpo.* Cada día se reservaba un rato para estar en silencio, sintonizar con su cuerpo y preguntarle a su campanilla interior: *¿cómo puedo hoy amar a mi cuerpo?*

7. Crea tu futuro ¡AHORA!

Louise se describía como una «flor tardía». Había estado «dando tumbos» hasta los cuarenta y tantos, como a ella le gustaba decir. A los 50 publicó su primer libro. A los 60 fundó Hay House y la Fundación Hay. La segunda mitad de su vida estuvo repleta de nuevos inicios. Al comenzar el año, Louise siempre se proponía aprender algo nuevo para seguir evolucionando espiritualmente, y planeaba viajar a algún lugar que no hubiera visitado antes.

Louise aprovechó al máximo la última etapa de su vida. No usaba su edad como una razón para dejar de aprender y de crecer. «Vivo en *la totalidad de las posibilidades*», le gustaba decir. Era consciente de que cada nueva década de su vida le ofrecía una sabiduría y unos regalos únicos. «El momento de poder siempre se encuentra en el presente», aseguraba.

En 2013 pronuncié el discurso inaugural en el primer congreso de IGNITE!, un nuevo evento organizado por Hay House. El día anterior le escribí un correo a Louise preguntándole si tenía algún mensaje para compartir con el público. Esto fue lo que me respondió:

Enciendo mi vida cada vez que emprendo algo nuevo.
Me entusiasma atreverme a descubrir un espacio nuevo.
Sé que solo me aguardan experiencias positivas,
así que estoy lista para lo que sea que la Vida me haya reservado.
Las aventuras nuevas nos rejuvenecen.

Y enviar pensamientos afectuosos en todas direcciones
mantiene nuestra vida llena de amor.
Los 86 son el nuevo comienzo de mi vida.

8. Dile «SÍ» a tu Vida

A Louise le gustaba describirse como una persona que dice «sí» viviendo en un Universo que dice "sí". En *Usted puede sanar su vida*, escribió: «Sea lo que sea lo que decidamos creer, pensar o decir, el universo siempre nos dice "sí". Si pensamos en la pobreza, el Universo nos dice "sí" a la pobreza. Si pensamos en la prosperidad, el Universo dos dice "sí" a la prosperidad. Depende de nosotros». El mensaje es que debemos ser cuidadosos con aquello a lo que decimos «sí», porque atraeremos lo que afirmamos.

«No he hecho más que escuchar mi campanilla interior y decirle "sí", me contó Louise mientras reflexionaba sobre su labor como escritora, conferenciante, editora, maestra, artista y activista. Decir "sí" significaba muchas cosas para Louise: aceptar que era la responsable de sanar su vida; estar dispuesta a mirarse al espejo y decir: «Te amo, te amo de verdad»; ser lo bastante valiente como para escribir y publicar su pequeño libro azul; aceptar dirigir las reuniones Hayride en su propia casa; fundar una editorial y, sobre todo, confiar en que la Inteligencia Única Infinita guiaría cada uno de sus pasos en su vida.

9. Acuérdate de divertirte

Louise no se lo pasó demasiado bien en la primera mitad de su vida, pero en la segunda recuperó con creces el tiempo perdido. Fue, en gran parte, gracias al trabajo sanador que realizó con su niña interior.

Louise recomendaba trabajar con el niño interior que todos llevamos dentro, a lo que más tarde llamaría los *juegos* del niño interior. Enseñaba que para crecer, para madurar y convertirse en adultos sabios, debemos estar dispuestos a amar a nuestro niño interior: «Dile "sí" a tu niño interior», aconsejaba Louise. «Préstale atención. Cuanto más le ames y le aceptes, antes sanarás tu pasado, entrarás en el presente y saldrás a jugar».

A los 70, Louise tomó clases de arte para niños. «De niña me encantaba dibujar y pintar, pero cuando empecé a sufrir abusos dejé de hacerlo», recordó. A los 75 se graduó tras asistir a clases de arte para adultos.

Durante los diez años siguientes estudió con varios profesores de arte, como la artista local Linda Bounds. A los 87, Louise realizó su primera exposición pública de arte en la galería ArtBeat de Main Street, en el centro de Vista (California). La exposición tuvo un éxito apabullante, hasta el punto de que las dos semanas que debía durar la exposición se prolongaron a seis. Se vendieron cientos de copias de sus pinturas, cada una de ellas firmada por Louise. El dinero recaudado se destinó a la Fundación Hay.

10. *Deja que la Vida te ame*

La última vez que Louise apareció en el programa de Oprah Winfrey, Oprah le preguntó qué consejo le podía dar a cualquier telespectador que pensara que era demasiado tarde para cambiar o crecer. Louise le respondió con rotundidad: «¡Que se lo replantee! Aunque lleves mucho tiempo creyendo algo, no tienes por qué pasarte la vida pensando lo mismo. Debemos tener pensamientos que nos apoyen y nos inspiren. Ver que la Vida nos ama. Y si amamos la Vida, todo lo que nos aguardará será maravilloso».

La Vida te ama era la afirmación característica de Louise. Es el pensamiento del corazón que mejor representa su vida y su obra. Cuando se dedicaba a firmar sus libros, ante colas de cientos de personas, Louise firmaba diligentemente cada ejemplar poniendo: *La Vida te ama*. También firmaba los correos electrónicos y concluía las llamadas telefónicas y las sesiones de Skype con estas mismas palabras. Siempre escribía en mayúscula la palabra *Vida* de esta frase, ya que se refería a la Inteligencia Única Infinita que actúa detrás de todo.

La Vida te ama no es solo una afirmación, sino que además refleja la filosofía de una verdad básica que nos anima a confiar en que la Vida —en mayúscula— quiere lo mejor para nosotros y que, cuanto más la amamos, más ella nos ama. El primer paso para confiar en ello es dejar que el amor entre en nuestra vida. Al querernos más a nosotros mismos, amamos más a los demás. Así es como nos convertimos en una presencia afectuosa en el mundo, en alguien que afirma con entusiasmo: *Amo la Vida y la Vida me ama*.

Robert Holden
Coautor con Louise Hay de *La Vida te ama*

CADA MOMENTO DE LA VIDA
ES UN NUEVO PUNTO DE PARTIDA

En la infinitud de la vida en la que estoy, todo es perfecto,
pleno y completo y, sin embargo, la vida está siempre cambiando.
No hay un inicio ni un final,
solo un constante flujo y reflujo
de sustancias y experiencias.
La vida nunca es fija, estática o vieja,
cada momento es nuevo y fresco.
Soy una unidad con el Poder que me creó,
y este Poder me ha dado el poder
de crear mis propias circunstancias.
Es maravilloso saber que puedo usar
el poder de mi mente como decida hacerlo.
Cada instante de la vida es un nuevo
comienzo en el que dejo atrás lo antiguo.
Este instante es un nuevo comienzo
en este mismo momento.
Todo está bien en mi mundo.

Este año haré el
trabajo mental para cambiar

Muchas personas empiezan los propósitos que se fijan en Año Nuevo, pero como no hacen los cambios interiores necesarios fracasan estrepitosamente con gran rapidez. Hasta que no hagas los cambios interiores necesarios y estés dispuesto a realizar un cierto trabajo mental, nada de *ahí fuera* cambiará. Lo único que necesitas cambiar es un pensamiento: solo un pensamiento. Incluso detestarte no es más que detestar un pensamiento que tienes sobre ti.

¿Qué puedes hacer por ti este año que sea positivo? ¿Qué te gustaría realizar que no hayas hecho en el anterior? ¿Te gustaría desprenderte de algo a lo que te estuviste aferrando en el pasado? ¿Qué te gustaría cambiar en tu vida? ¿Estás dispuesto a hacer el trabajo necesario para que ocurran esos cambios?

Es seguro mirar dentro de ti

¿Quién eres? ¿Qué estás haciendo en este mundo? ¿Qué piensas sobre tu vida? A lo largo de miles de años, encontrar las respuestas a estas preguntas ha significado *ir al interior de uno.* Pero ¿qué es lo que esto significa?

En mi opinión, dentro de cada uno de nosotros hay un Poder que nos guía afectuosamente para que gocemos de una salud perfecta, unas relaciones perfectas y una profesión perfecta, y para que seamos prósperos en todos los sentidos. Para poder disfrutar de todo ello, tenemos ante todo que creer que es posible. Después, tenemos que estar dispuestos a abandonar los patrones de nuestra vida que están creando las condiciones que afirmamos no querer. Lo conseguimos al mirar dentro de nosotros y conectar con el Poder Interior, que sabe lo que más nos conviene. Si estamos dispuestos a sintonizar nuestra vida con este Poder superior interno, con el Poder que nos ama y sustenta, llevaremos una vida más afectuosa y próspera.

Estoy rodeado de amor

Todos somos capaces de amarnos más a nosotros mismos. Cada uno de nosotros nos merecemos ser amados. Nos merecemos vivir bien, estar sanos, amar y ser amados, y gozar de prosperidad. Y el niño interior que llevamos dentro se merece crecer y convertirse en un adulto maravilloso.

Visualízate rodeado de amor. Feliz, sano y pleno. Ve tu vida como te gustaría que fuera, con todo lujo de detalles. Sabedor de que te lo mereces.

Deja ahora que ese amor en tu corazón fluya por todo tu cuerpo e irrádialo luego al exterior. Visualiza a tus seres queridos sentados junto a ti, a ambos lados. Deja que tu amor fluya hacia los que están sentados a tu izquierda y envíales pensamientos reconfortantes. Rodéalos de amor y apoyo, y deséales lo mejor. Deja ahora que tu amor fluya hacia los que están sentados a tu derecha. Envuélvelos de energías curativas, amor, paz y luz. Deja que tu amor se difunda por toda la habitación hasta sentir que estás sentado dentro de un círculo enorme de amor. Siente el amor circulando mientras lo irradias al exterior y cómo vuelve luego a ti multiplicado.

5 DE ENERO

CREO EN MI PODER PARA CAMBIAR

Cuando aceptas realmente esas ideas y las integras en tu sistema de creencias, te vuelves poderoso. Y entonces los problemas tienden a resolverse por sí solos. El objetivo es cambiar las ideas que albergas de ti y del mundo en el que vives.

1. Eres responsable de tus vivencias.
2. Cada pensamiento que tienes está creando tu futuro.
3. Todos tenemos que enfrentarnos a los patrones perjudiciales del resentimiento, las críticas, la culpabilidad y el autodesprecio.
4. Todo esto no son más que pensamientos, y los pensamientos se pueden cambiar.
5. Deja de aferrarte al pasado y perdona a todo el mundo.
6. Aprobarte y aceptarte en el «ahora» es el secreto para crear cambios positivos en tu vida.
7. El momento de poder siempre se encuentra en el presente.

El problema no está en las personas, los lugares y las cosas, sino en cómo «percibes» esas vivencias y «reaccionas» a ellas. Asume que eres responsable de tu propia vida. No renuncies a tu poder. Aprende a entender más tu yo espiritual interior y déjate guiar por ese poder que crea solo lo que más te conviene.

CREO UNAS CREENCIAS NUEVAS Y MARAVILLOSAS PARA MÍ

Cada pensamiento que tengo y cada frase que pronuncio son una afirmación. Pueden ser positivas o negativas. Las afirmaciones positivas crean experiencias positivas, y las negativas, experiencias negativas. De una semilla de tomate solo saldrá una tomatera. De una bellota solo nacerá un roble. Un cachorro solo se convertirá en un perro. Si continuamente repetimos afirmaciones negativas sobre nosotros mismos o sobre la vida, no haremos más que crear experiencias negativas.

Me libero ahora del hábito de ver la vida con una actitud negativa. Mi nuevo hábito de afirmaciones es hablar solo de lo bueno que deseo en mi vida. Así solo me ocurrirán experiencias positivas.

La vida es sumamente sencilla: recibes aquello que das

Lo que piensas acerca de ti se hace realidad en tu vida. En mi opinión, todo el mundo, incluida yo, somos responsables de lo que ocurre en nuestra vida, de lo bueno y lo malo. Cada pensamiento que tenemos está creando nuestro futuro. Cada uno creamos nuestras experiencias con nuestros pensamientos y nuestros sentimientos. Los pensamientos que tenemos y las palabras que pronunciamos crean nuestras vivencias.

Creamos las situaciones de nuestra vida y luego renunciamos a nuestro poder culpando a otros de nuestra frustración. Pero ninguna persona, lugar ni cosa tiene poder alguno sobre ti, «tú» eres el pensador, el dueño de tu mente. Cuando generas paz, armonía y equilibrio en ella, encuentras estas cualidades en tu vida.

Soy una persona hermosa y todo el mundo me ama

El trabajo con el espejo al principio no me resultó fácil. Lo que más me costó fue decirme a mí misma: *Te quiero, Louise.* Derramé muchas lágrimas y tuve que practicar mucho y superar mi rechazo cada vez que me decía: *Te quiero.* Pero persistí en ello. Y ahora me alegro de no haberme dado por vencida, ya que el trabajo con el espejo ha transformado mi vida.

Un día, decidí probar un pequeño ejercicio. Mirándome al espejo, me dije: «Soy hermosa y todo el mundo me ama». Al principio, como es natural, no me lo creía, pero fui paciente conmigo misma y, al cabo de poco, ya me sentía más cómoda con esta afirmación. Después, a lo largo del día, me fui diciendo allí adonde fuera: «Soy hermosa y todo el mundo me ama». Este pensamiento me hacía ir a todas partes con una sonrisa en la cara. Fue asombroso cómo los demás empezaron a reaccionar. Todo el mundo era sumamente amable conmigo. Aquel día viví un milagro, el milagro de amarme a mí misma.

Me amo y me apruebo

El amor es el remedio milagroso. Amarte hace milagros en tu vida. No me refiero a la vanidad, a la arrogancia o al engreimiento, ya que todo esto no es amor, sino miedo. Me refiero a sentir un gran respeto por ti mismo y un enorme agradecimiento por el milagro de tu propio cuerpo y tu mente.

«Amar» es sentir un aprecio tan inmenso que este sentimiento inunda tu corazón y te sale a borbotones por los poros. El amor lo puedes dirigir a donde tú quieras. Puedes sentir amor por:

- el proceso de la vida
- la alegría de estar vivo
- la belleza que contemplas a tu alrededor
- otra persona
- el conocimiento
- los procesos de la mente
- tu cuerpo y su funcionamiento
- los animales, los pájaros, los peces
- la vegetación en todas sus manifestaciones
- El Universo y su modo de actuar

¿Qué puedes añadir a la lista?

Guío mi mente suavemente para que confíe en mi sabiduría interior

Ninguna persona, lugar o cosa tiene poder alguno sobre mí, ya que soy el pensador, el dueño de mi mente. En la infancia acepté a figuras de autoridad como si fueran dioses. Pero ahora estoy aprendiendo a recuperar mi poder y a convertirme en mi propia figura de autoridad. Me acepto como un ser poderoso y responsable. Cuando medito cada mañana, conecto con mi sabiduría interior. La escuela de la vida me llena profundamente mientras advierto que todos somos estudiantes y maestros al mismo tiempo. Cada uno hemos venido a este mundo para aprender y enseñar algo. Mientras escucho mis pensamientos, guío suavemente mi mente para que confíe en mi sabiduría interior. Crece, progresa y confía todos tus asuntos terrenales a tu Fuente Divina. Todo está bien.

APRECIO MI CUERPO Y LO CUIDO CON ESMERO

Cuidar tu cuerpo es un acto de amor. A medida que vayas aprendiendo cada vez más sobre nutrición, empezarás a advertir cómo te sientes después de comer ciertos alimentos. Descubrirás cuáles son los que te dan fuerza y mucha energía. Y decidirás incluirlos en tu dieta.

Necesitamos apreciar y venerar el templo maravilloso en el que vivimos. En mi opinión, la mejor forma de cuidar tu cuerpo es acordarte de amarlo. Mírate a los ojos ante el espejo con frecuencia. Repite que eres una persona maravillosa. Ofrécete este mensaje positivo cada vez que te veas reflejado en el espejo. Quiérete. No esperes a volverte más delgado o más musculado, o a que te bajen los niveles de colesterol. Hazlo ahora. Te mereces sentirte de maravilla en todo momento.

Estoy dispuesto a amarme

Realiza el trabajo con el espejo a lo largo de la jornada. Puedes empezar a hacerlo por la mañana, frente al espejo del cuarto de baño. Y más tarde puedes repetirlo durante el día siempre que pases por delante de un espejo o que te veas reflejado en una ventana.

1. Plántate o siéntate frente al espejo.
2. Mírate a los ojos.
3. Respira hondo y di esta afirmación: *Quiero sentirme bien en mi propia piel. Quiero realmente aprender a amarme. Vayamos a por ello y divirtámonos de verdad.*
4. Vuelve a respirar hondo y di: *Estoy aprendiendo realmente a sentirme bien en mi propia piel. Estoy aprendiendo de verdad a amarme.*
5. Este es el primer ejercicio; sé que te puede costar un poco, pero te ruego que no te des por vencido. Sigue respirando hondo. Mírate a los ojos. Di tu nombre mientras dices: *Deseo aprender a amarme, [Nombre], deseo aprender a amarme.*
6. A lo largo del día, cada vez que pases por delante de un espejo o que te veas reflejado en una ventana, repite estas afirmaciones, aunque tengas que hacerlo en silencio.

GOZAR DE UNA SALUD PERFECTA ES MI DERECHO DIVINO Y LO REIVINDICO AHORA

En mi opinión, propiciamos cualquier «enfermedad» que sufre nuestro cuerpo. El cuerpo, como ocurre con cualquier otra cosa en la vida, refleja a modo de espejo nuestros pensamientos y nuestras creencias interiores. El cuerpo siempre nos está hablando, solo tenemos que pararnos a escucharlo. Cada célula de nuestro cuerpo responde a cada pensamiento que tenemos.

Cuando descubrimos cuál es el patrón mental que hay detrás de una enfermedad, podemos cambiarlo y, por lo tanto, nos desprendemos del «mal-estar». La mayoría de personas no quieren conscientemente estar enfermas, pero cualquier «mal-estar» que sufrimos es un maestro. La enfermedad es la forma en que el cuerpo nos dice que en nuestra conciencia hay una idea falsa. Nos indica que hay algo que estamos creyendo, diciendo, haciendo o pensando que no es lo que más nos conviene. Yo siempre me imagino a mi cuerpo diciéndome mientras tira de mí: «¡Presta atención!»

Cada día es un nuevo comienzo para mí

Hoy es un nuevo día. Hoy es el día en que puedes empezar a crear una vida dichosa y plena. Hoy es el día en que puedes empezar a desprenderte de tus limitaciones. Hoy es el día en que puedes aprender los secretos de la vida. Puedes cambiar tu vida para mejor. Ya tienes en tu interior las herramientas para hacerlo. Estas herramientas son tus pensamientos y tus creencias.

Cada pensamiento que tienes y cada palabra que dices son una afirmación. Todas nuestras conversaciones mentales, nuestros diálogos internos, son una serie de afirmaciones. Estás haciendo afirmaciones todo el tiempo, tanto si eres consciente como si no de ello. Con cada pensamiento y cada palabra, estás afirmando y creando tus vivencias.

Una afirmación abre una puerta. Es un punto de partida en el camino para cambiar. Es decir, le estas diciendo a tu subconsciente: «Soy responsable de ello. Sé que hay algo que puedo hacer para cambiar». Elige palabras que te ayuden a eliminar algo de tu vida o a crear algo nuevo en ella.

Hoy crearé un día nuevo maravilloso
y un futuro maravilloso.
Cada día es una nueva oportunidad. El ayer ya
forma parte del pasado. Hoy es el primer día de mi futuro.
Estoy a salvo en el ritmo y el fluir
de la vida que está cambiando constantemente.

Soy consciente de la grandeza de mi ser

Cuán perfecto eras cuando eras un bebé diminuto. Los bebés no tienen que hacer nada para ser perfectos; ya lo son, y actúan como si lo supieran. Saben que son el centro del Universo. No les da miedo pedir lo que quieren. Expresan libremente sus emociones. Sabes cuándo un bebé está enojado, y además se entera todo el vecindario. También sabes cuándo está contento, con esa sonrisa que ilumina toda la habitación. Los bebés están llenos de amor.

Los más pequeños pueden morirse por falta de amor. Cuando somos mayores aprendemos a vivir sin amor, pero un bebé no lo soportaría. Los bebes aman, además, todo su cuerpo, incluso sus propias heces. Tienen una valentía increíble.

Tú eras así. Todos éramos así. Pero luego empezamos a escuchar a los adultos de nuestro alrededor, que habían aprendido a tener miedo, y comenzamos a negar nuestra propia grandeza.

Cuando mis clientes intentan convencerme de lo terribles o poco dignos de amor que son, yo nunca me lo creo. Mi trabajo consiste en llevarlos de vuelta a aquella época en que realmente sabían amarse a sí mismos.

Acepto a mi niño interior con compasión

He descubierto que trabajar con nuestro niño interior nos ayuda sobre todo a curar las heridas del pasado. No siempre percibimos los sentimientos del niño asustado que llevamos dentro. Si nuestra infancia estuvo repleta de miedo y peleas y ahora nos maltratamos mentalmente, estamos tratando aún a nuestro niño interior de la misma manera. Sin embargo, el niño interior no tiene adonde ir. Tenemos que superar las limitaciones de nuestros padres. Necesitamos conectar con el niño perdido que llevamos dentro. Él o ella necesitan saber que los apreciamos.

Párate un momento y dile a tu niño interior: «Te aprecio, te amo. Te amo de verdad». Tal vez se lo hayas estado diciendo a la persona mayor, al adulto que hay en ti. Así que empieza ahora a decírselo a tu niño interior. Visualiza durante varios días que vais a todas partes tomados de la mano y advierte las experiencias maravillosas que esto te produce.

Me veo a mí mismo con los ojos del amor

«La primera vez que hice el trabajo con el espejo me costó lo mío», afirmó Louise.

«¿Qué sucedió?», le preguntó Robert Holden.

«Me fijaba solo en mis defectos. ¡Y encontré un montón!», contestó ella con una sonrisa. «Vaya, mis cejas no son bonitas. Tengo demasiadas arrugas. No me gusta la forma de mis labios. La lista de defectos era larguísima».

«¿Sentiste la tentación de dejar de hacer el ejercicio?»

«Sí, pero tenía un buen maestro en el que confiaba, y él me ayudó a sentirme segura frente al espejo. Me señaló que el espejo no me estaba juzgando, era *yo* quien lo hacía. O sea que no tenía por qué temerle».

«Así que seguiste trabajando con el espejo».

«Sí, y al cabo de un tiempo empecé a advertir pequeños milagros», repuso Louise.

«¿A qué te refieres?»

«Los semáforos parecían ponerse en verde para mí. Y aparecían buenos sitios para aparcar en lugares donde normalmente era imposible. Fluía con el ritmo de la vida. Era más buena conmigo misma, y la vida se estaba volviendo más sencilla».

Estoy dispuesto a perdonarlo todo y a todos

Siempre que enfermamos, tenemos que mirar en nuestro corazón para descubrir qué es lo que tenemos que perdonar.

En *Un curso de milagros* se dice: «Cualquier mal-estar viene de un estado de no estar dispuestos a perdonar», y «Siempre que enfermamos tenemos que mirar a nuestro alrededor para ver a quién necesitamos perdonar».

Yo le añadiría a este concepto que la persona a la que más nos cuesta perdonar es a la que *más necesitamos perdonar*. El perdón significa desprendernos de algo, dejarlo ir. No tiene nada que ver con aprobar una conducta. No es más que olvidarnos del asunto. No es necesario que sepamos *cómo* perdonar. Lo único que necesitamos es estar *dispuestos* a hacerlo. El Universo ya se ocupará de cómo llevarlo a cabo.

Confío en que la vida me traerá todo cuanto necesito

Hace años una amiga me invitó a una conferencia en la Iglesia de La Ciencia de la Mente en Nueva York. Me pidió que la acompañara porque no quería ir sola. Acepté, pero cuando llegué ella no estaba. Me planteé si me quedaba o me iba, y decidí asistir a la conferencia.

Mientras escuchaba la charla, oí de pronto que alguien decía: «Si estás dispuesto a cambiar tu forma de pensar, puedes cambiar tu vida». Aunque pareciera una afirmación corta e insignificante, fue grandiosa para mí. No sé por qué me llamó la atención, yo nunca había estudiado nada. Recuerdo que tenía una amiga que me insistía en que fuera a las clases de la Asociación de Jóvenes Cristianas, pero yo no sentía el menor interés. Pero hubo algo sobre ese tema que me impactó en ese momento, y decidí volver.

Ahora me doy cuenta de la perfección de la conducta de mi amiga al no presentarse. De haberlo hecho, probablemente yo habría vivido una experiencia totalmente distinta. Como ves, todo es perfecto.

VEO EL MUNDO ENVUELTO EN UN CÍRCULO DE AMOR

Visualízate plantado en un lugar donde te sientas muy seguro. Suelta las cargas del dolor y el miedo. Despójate de los antiguos patrones negativos y de las adicciones. Visualiza que se desprenden de ti. Imagínate ahora que estás plantado en el lugar donde te sientes seguro con los brazos abiertos de par en par, diciendo: *Estoy abierto y receptivo.* Afirma lo que quieres, no lo que no quieres. Visualízate completo, sano y en paz. Lleno de amor.

Y en ese espacio, siente tu conexión con otras personas del mundo. Deja que el amor que hay en ti fluya de tu corazón a los suyos. Y mientras el amor fluye al exterior, sé consciente de que vuelve a ti multiplicado. Envía pensamientos reconfortantes a todo el mundo, sabedor de que esos pensamientos reconfortantes volverán a ti.

En este planeta podemos vivir en un círculo de odio o en un círculo de amor y curación. Yo elijo vivir en un círculo de amor. Sé que todos deseamos lo mismo, sentirnos en paz y a salvo, y expresarnos creativamente de formas que nos llenen.

Si ves el mundo convirtiéndose en un círculo de amor increíble, así será.

La paz del mundo empieza por uno mismo

Quiero ayudar a crear un mundo donde sea seguro amarnos los unos a los otros, donde podamos expresar quiénes somos y donde las personas de nuestro alrededor nos amen y acepten sin censurarnos, criticarnos o prejuzgarnos.

Para poder amar a los demás es necesario amarnos antes a nosotros mismos. La Biblia dice: «Ama al prójimo como a ti mismo». Con demasiada frecuencia nos olvidamos de estas cuatro últimas palabras: *como a ti mismo*. En realidad, si no nos amamos a nosotros mismos, no podremos amar a nadie. Amarnos a nosotros mismos es el mejor regalo que podemos ofrecernos, porque cuando nos amamos tal como somos no nos hacemos daño ni se lo hacemos a otra persona. Cuando gozamos de paz interior no surgen guerras, pandillas callejeras, terroristas ni vagabundos. No hay enfermedades, sida, cáncer, pobreza ni hambrunas.

Esta es, a mi parecer, la receta para la paz mundial: gozar de paz interior. Paz, comprensión, compasión, indulgencia y, sobre todo, amor. Tenemos en nuestro interior el Poder para crear esos cambios.

Me amo tal como soy ahora

El Poder que creó este increíble Universo se ha estado considerando como amor. *Dios es amor.* Hemos oído con frecuencia la siguiente frase: *El amor es lo que mueve el mundo.* Ambas afirmaciones son ciertas. El amor es el aglutinante que mantiene unido al Universo.

Para mí el amor es sentir un profundo aprecio. Cuando hablo de amarnos a nosotros mismos, me refiero a apreciarnos profundamente tal como somos. Aceptamos las distintas partes de nuestro ser: nuestras pequeñas peculiaridades, los momentos bochornosos, las cosas que no hacemos demasiado bien y también nuestras cualidades maravillosas. Aceptamos todo el lote con amor. De manera incondicional.

Por desgracia, muchas personas no se aman a sí mismas hasta que adelgazan, o encuentran un empleo, o les ascienden en el trabajo, o se echan un novio, o sea lo que sea. Se aman solo si se cumplen una serie de condiciones. Pero podemos cambiar. ¡*Podemos* amarnos en este mismo momento tal como somos!

Puedo elegir mis pensamientos

Un día, mientras Louise paseaba con Robert Holden por un entorno natural cerca de su casa, bajo la sombra de unos imponentes eucaliptos vetustos que los protegían de los intensos rayos del sol, se pusieron a hablar sobre el principio de *Puedes elegir tus pensamientos*.

«¿Qué significa exactamente este principio?», le preguntó Robert a Louise.

«Significa que los pensamientos no tienen más poder que el que tú les des», repuso ella. Los pensamientos no son más que ideas (posibilidades en la conciencia) que solo son importantes o poderosos si nos identificamos con ellos. «Tú eres el único pensador que hay en tu mente y puedes decidir si tus pensamientos son verdaderos o no.»

Uno de los principios favoritos de Robert procedentes de Louise Hay es: *Lo único a lo que tenemos que enfrentarnos en la vida es a un pensamiento, y los pensamientos se pueden cambiar.* La mayor parte del tiempo sufrimos porque estamos respondiendo a los pensamientos que tenemos sobre algo. La mente es la creadora de nuestro sufrimiento. Nos indica que es nuestra psique la que nos está haciendo sufrir. La manera de dejar de sufrir es hacerte amigo de tu mente y recordar que tú eres el pensador de tus pensamientos. La felicidad siempre está a un solo pensamiento de distancia.

ME MEREZCO AMARME

Cuanto más hagas el trabajo con el espejo, más fácil te resultará. Pero no olvides que te llevará su tiempo. Por eso me gustaría que adquirieras la costumbre de hacerlo con frecuencia. Practícalo en cuanto te levantes por la mañana. Lleva contigo un espejo de mano dondequiera que vayas para poder sacarlo a menudo y decirte una afirmación afectuosa.

1. Quédate de pie frente a tu espejo.
2. Mírate a los ojos.
3. Pronunciando tu nombre, di esta afirmación: *[Nombre], te quiero, te quiero de verdad.*
4. Dilo ahora dos o tres veces: *Te quiero, te quiero de verdad, [Nombre].*
5. Repite esta afirmación una y otra vez. Quiero que seas capaz de decirla al menos 100 veces al día. Sí, lo has entendido bien, 100 veces al día. Ya sé que parece muchas veces, pero, sinceramente, en cuanto le cojas el tranquillo podrás repetirla 100 veces como si nada.
6. Cada vez que pases por delante de un espejo o que te veas reflejado en una ventana, repite esta afirmación: *[Nombre], te quiero. Te quiero de verdad.*

ME AMO Y ME ACEPTO
EXACTAMENTE TAL COMO SOY

Me amo y me acepto exactamente tal como soy. Me apoyo, confío en mí y me acepto, sea como sea. Gozo del amor de mi corazón. Me pongo la mano sobre el corazón y siento el amor que hay en él. Sé que soy capaz de aceptarme ahora mismo. Acepto mi cuerpo, mi peso, mi altura, mi aspecto, mi sexualidad y mis experiencias. Acepto todo cuanto me he creado en la vida: mi pasado y mi presente. Estoy dispuesto a dejar que ocurra mi futuro.

Soy un ser Divino, una Expresión Maravillosa de la Vida, y me merezco lo mejor. Acepto ahora esto para mí. Acepto los milagros. Acepto la curación. Acepto la plenitud. Y, sobre todo, me acepto a mí mismo. Soy valioso y aprecio quien soy. Y así es.

MIS NECESIDADES SE SATISFACEN EN TODO MOMENTO

El Poder que te ha creado lo ha puesto todo en este mundo para ti. De ti depende merecértelo y aceptarlo. Lo que tienes ahora es lo que has aceptado. Si quieres algo diferente en tu vida, o disfrutar más o menos de alguna cosa, no lo conseguirás quejándote, sino expandiendo tu conciencia. Acepta con amor todas tus facturas y disfruta mientras las pagas, sabedor de que aquello que das volverá a ti multiplicado. Empieza afrontando este tema con una actitud positiva. Las facturas son en realidad maravillosas. Significan que alguien ha confiado en ti lo bastante como para ofrecerte un servicio o un producto sabiendo que eres capaz de pagarlo.

La inteligencia única
infinita siempre me dice «sí»

Sé que soy uno con toda la Vida. Estoy rodeado e impregnado de Sabiduría Infinita. Por eso hoy confío plenamente en que el Universo me apoyará de todas las formas positivas. Cualquier cosa que pueda necesitar está ya esperando a que la obtenga. En este planeta hay más comida de la que podría jamás ingerir. Hay más dinero del que podría nunca gastar. Hay más gente de la que podría llegar a conocer. Hay más amor del que podría jamás experimentar. Hay más dicha de la que me podría imaginar.

La Inteligencia Única Infinita siempre me dice «sí». Sea lo que sea lo que yo decida creer, pensar o decir, el Universo siempre me dice «sí». No pierdo el tiempo teniendo pensamientos negativos o cavilando sobre cosas negativas. Elijo verme a mí mismo y ver la Vida de las formas más positivas posibles. Les digo «sí» a las oportunidades y a la prosperidad. Le digo «sí» a todo lo bueno de la vida. Soy una persona que dice «sí», viviendo en un mundo que dice «sí», siendo respondido por un Universo que dice «sí». Y me alegro de que así sea. Agradezco ser uno con la Sabiduría Universal y gozar del apoyo del Poder Universal. Te agradezco, Señor, todo aquello que me pertenece de lo que ahora puedo disfrutar.

CREO AMOROSAMENTE UNA SALUD PERFECTA PARA MÍ

Soy uno con la Vida y toda la Vida me ama y me apoya. Así que reivindico mi perfección, mi salud radiante en todo momento. Mi cuerpo sabe cómo mantenerse sano y yo colaboro alimentándolo con alimentos y bebidas saludables, y haciendo ejercicio de una forma en la que disfruto. Mi cuerpo me ama y yo amo y aprecio mi valioso cuerpo. Yo no soy mis padres, y tampoco elijo recrear sus enfermedades. Soy una persona única y me muevo por la vida gozando de salud, felicidad y plenitud. Esta es la verdad sobre mi ser y así la acepto. En mi cuerpo todo está bien.

Resplandezco y brillo dondequiera que vaya

Mi cuerpo es perfecto para mí en este momento. Mi peso también lo es. Estoy exactamente donde elijo estar. Soy hermosa, y cada día que pasa soy más atractiva. Esta idea al principio me costaba mucho de aceptar, pero las cosas están cambiando y ahora me trato como a una persona muy querida. Estoy aprendiendo a premiarme con pequeños gustos y placeres saludables de vez en cuando. Son pequeños actos de amor que me nutren, actividades que me gustan, como gozar de momentos de silencio, pasear en medio de la naturaleza, darme un relajante baño con agua caliente o cualquier otra cosa que me resulte placentera. Disfruto cuidando de mí. Creo que está bien sentirme a gusto en mi propia piel y ser mi mejor amiga. Sé que mi cuerpo está lleno de luz de estrellas y que resplandezco y brillo dondequiera que vaya.

ME HABLO CON AMOR

La mejor forma de amarte es desprenderte de todos los mensajes negativos del pasado y vivir en el presente. Con frecuencia, los mensajes recibidos en la infancia, de los padres, de los maestros y de otras figuras de autoridad contribuyen a mantener esos diálogos internos, eso que te dices en tu cabeza. Pero me gustaría que los cambiaras con el siguiente ejercicio del espejo.

1. Plántate o siéntate frente al espejo.
2. Mírate a los ojos.
3. Di esta afirmación: *Sea lo que sea lo que me diga, me lo diré con amor.*
4. Sigue repitiéndola: *Sea lo que sea lo que me diga, me lo diré con amor.*
5. ¿Se te ha quedado grabada en la mente algún comentario que oíste en la infancia? «¡Eres un estúpido!», o «¡Dejas mucho que desear!» Dedica un rato a trabajar con los comentarios negativos y transfórmalos en afirmaciones positivas: *Soy un genio con un montón de ideas creativas. Soy una persona estupenda. Soy digno de amor.*
6. Elige una o dos de estas afirmaciones positivas y repítelas una y otra vez. No dejes de repetirlas hasta que te sientas cómodo con ellas.
7. Cada vez que pases por delante de un espejo o que te veas reflejado en una ventana a lo largo del día, detente y repite estas afectuosas afirmaciones.

Escucho con amor
los mensajes de mi cuerpo

¡Descubramos el poder de las afirmaciones escritas! Escribir una afirmación aumenta su poder. Escribe una afirmación positiva sobre tu salud 25 veces. Crea una o utiliza una de las siguientes:

Estoy recuperando la salud.
Escucho con amor los mensajes de mi cuerpo.
Ahora tengo una salud radiante, espléndida y dinámica.
Agradezco mi salud perfecta.
Me merezco gozar de buena salud.

ME ABRO A MI SABIDURÍA INTERIOR

En la infinitud de la vida en la que estoy,
todo es perfecto, pleno y completo.
Creo en un poder superior
que fluye a través de mí en cada momento del día.
Me abro a mi sabiduría interior, sé que
en este Universo solo existe Una Inteligencia.
De esta Inteligencia Única surgen todas las respuestas, todas las
soluciones, todas las curaciones,
todas las nuevas creaciones.
En ese Poder y esa Inteligencia confío,
sé que todo lo que necesito saber se me revela,
y que todo lo que necesito me llega
en el momento, el lugar y el orden adecuados.
Todo está bien en mi mundo.

Soy un ser que ama, merecedor de amor y amado

Cada uno de nosotros decide reencarnarse en este planeta en un determinado punto del tiempo y del espacio. Hemos decidido venir aquí para aprender una lección en especial que nos ayudará a progresar por el sendero de nuestra evolución espiritual.

Un modo de dejar que el proceso de la vida se desarrolle de forma positiva y sana es manifestar tus propias verdades personales. Elige alejarte de las creencias limitadoras que te han estado negando los beneficios que tanto deseas. Di que tus patrones mentales negativos se vayan de tu mente. Despréndete de tus miedos y cargas. Yo he creído mucho tiempo en las siguientes ideas, y me funcionan:

1. «Todo lo que necesito saber se me revela».
2. «Todo cuanto necesito me llega en el momento y el lugar perfectos».
3. «La vida es una delicia y está llena de amor».
4. «Soy un ser que ama, merecedor de amor y amado».
5. «Soy una persona sana llena de energía».
6. «Prospero allí donde vaya».
7. «Estoy dispuesto a cambiar y crecer».
8. «Todo está bien en mi mundo».

Mi yo superior es inmune a la manipulación y la culpabilidad

«Ayudar a los demás a dejar de sentirse culpables es mi labor más importante», afirma Louise. «Mientras creas que no vales nada y sigas sintiéndote culpable, seguirás atrapado en una historia que no te hace ningún bien».

Robert Holden le preguntó a Louise si la culpabilidad tenía alguna finalidad positiva en la vida. Ella le contestó: «La única función positiva que tiene es decirte que te has olvidado de quien eres realmente y que ya es hora de que lo recuerdes». La culpabilidad es una señal de advertencia, una alarma que se dispara cuando no estás en armonía con tu verdadera naturaleza ni actúas con amor.

«La culpabilidad no sana nada», afirma Louise.

«¿Me podrías explicar por qué es así?», le pidió Robert.

«Sentirnos culpables por lo que hicimos, o por lo que alguien nos hizo, no hace que el pasado desaparezca. La culpabilidad no mejora el pasado.»

«¿Te refieres a que no deberíamos sentirnos culpables nunca?»

«No», contestó Louise. «Me refiero a que, cuando nos sentimos culpables o creemos que no valemos nada, debemos interpretarlo como una señal de que necesitamos sanar.»

«¿Cuál es la sanación de la culpabilidad, Louise?»

«Perdonar.»

MI LABOR ES DEDICARME A LO QUE ME APASIONA

Confío en que la Inteligencia Divina se ocupará de mi negocio. Posea o no un negocio en el sentido mundano, no soy sino un instrumento empleado por la Inteligencia Divina. Solo hay Una Inteligencia, y esta tiene una trayectoria magnífica en la historia de nuestro sistema solar. Ha estado guiando a cada uno de los planetas durante millones de años por trayectorias ordenadas y armoniosas. Acepto gustosamente a esta Inteligencia como socia en mi negocio. Me resulta fácil canalizar mi energía para trabajar con esta Poderosa Inteligencia. De esta Inteligencia es de donde proceden todas las respuestas, todas las soluciones, todas las curaciones, todas las nuevas creaciones e ideas que hacen que la labor a la que me dedico sea tan beneficiosa y exitosa.

Confío en el proceso de mi vida

Cuando inicié el camino espiritual sentí que no tenía control sobre nada, y dejé de intentar controlar cualquier aspecto de mi existencia. La Vida me ha deparado siempre lo que he necesitado. Siempre me he limitado a responder a lo que se me ha presentado. Muchas veces me preguntan cómo fundé Hay House. La gente quiere saber todos los detalles, desde el día en que empecé hasta ahora. Mi respuesta siempre es la misma: respondía al teléfono y leía las cartas que me mandaban. Hice lo que tenía ante mí.

Así es como vivía yo. Era como si la Vida simplemente se encargara de todo paso a paso. De modo que la historia empezó primero conmigo y luego con mi madre, que por aquel entonces tenía 90 años, a la que se le daba muy bien cerrar sobres y pegar sellos. Y el negocio siguió creciendo.

La abundancia fluye a diario de formas sorprendentes en mi vida

La primera vez que oí decir: «La abundancia del Universo está al alcance de todos» pensé que era ridículo.

«¿Y los pobres que nos rodean qué?», me dije. «¿Y qué hay de mi propia pobreza, que parece no tener remedio?» Oír «Tu pobreza no es más que una creencia en tu conciencia» me hizo enojar. Me llevó muchos años entender y aceptar que la única responsable de mi falta de prosperidad era yo. Mis creencias de «no valer nada» y de «no merecer nada», de que «el dinero cuesta de ganar» y que «carecía de talento y aptitudes» eran las que me mantenían atrapada en el sistema mental de «no tener».

¡El dinero es lo que más fácilmente se materializa! ¿Qué reacción te produce esta afirmación? ¿Te lo crees? ¿Te enfadas? ¿Te deja indiferente? ¿Te dan ganas de tirar el libro contra la pared? Si tienes cualquiera de estas reacciones, ¡enhorabuena! Significa que te he metido el dedo en la llaga, que he sacado a la luz tu resistencia a esta verdad. Es un aspecto que debes trabajar. Ha llegado el momento de abrirte a tu potencial para recibir dinero y toda clase de cosas buenas en tu vida.

Confío en mi sabiduría interior

Escuchar a tu guía interior y actuar siguiendo sus indicaciones es la forma de estar sano y feliz. Recuerda que el primer paso para estar sano y tener un buen sistema inmunológico es aprender de tu capacidad de cuidar de ti. Tus células están aprendiendo de lo que piensas y crees. Afirma:

Me encanta cuidar de mi niño interior.
Confío en mi sabiduría interior. Digo no cuando
quiero decir no, y sí cuando quiero decir sí.
A lo largo del día mi sabiduría interior
me guía para que tome las decisiones correctas.
La Inteligencia Divina me está guiando continuamente
para que sepa lo que más me conviene.
Escucho durante el día a mi guía interior.
Mi intuición siempre está de mi lado.
Confío en que puedo siempre recurrir a ella. Estoy a salvo.
Digo lo que pienso, pido lo
que deseo. Reivindico mi poder.

LA VIDA ME APOYA Y ME AMA

Cuando alguien viene a verme con un problema, no me importa de qué se trate —ya sea mala salud, falta de dinero, relaciones insatisfactorias o poca creatividad—, solo hay una cosa de la que me ocupo, y es de que *se ame a sí mismo.*

He descubierto que, cuando nos amamos de verdad, nos aceptamos y *nos aprobamos exactamente tal como somos,* todo nos funciona en la vida. Es como si ocurrieran pequeños milagros por todas partes. Nuestra salud mejora, atraemos más dinero, nuestras relaciones se vuelven mucho más satisfactorias y empezamos a expresarnos creativamente de formas que nos llenan. Y todo esto ocurre al parecer sin perseguirlo.

El día empieza y acaba con gratitud

¿Adivinas lo primero que hace Louise Hay nada más despertar por la mañana? Pues no es cepillarse los dientes o ir al lavabo, ni tampoco bailar la rumba. No me refiero a que no haga ninguna de esas cosas por la mañana, pero no es lo primero que hace al despertar.

«En cuanto me despierto, cuando aún no he abierto los ojos, me gusta darle las gracias a mi cama por haber descansado bien por la noche», dice Louise.

«Eres la única persona que conozco que le da las gracias a la cama por haber descansado bien por la noche», le contestó Robert Holden.

«Pues me alegro de que por fin hayas conocido alguien que lo haga», le respondió Louise.

«No es algo muy normal que digamos», bromeó él.

«No estoy interesada en ser una persona normal», replicó ella.

«Lo normal está sobrevalorado», apuntó Robert.

«Así es», dijo ella.

«¿Cuándo empezaste a darle las gracias a la cama por haber dormido bien?»

«¡Oh!, no lo sé», respondió Louise, como si llevara haciéndolo toda la vida.

«¿Hace treinta, cuarenta años?»

«Hubo una época en la que al despertar me decía: "¡Oh, mierda, otro día más!"», apuntó ella riendo con ganas.

«¡Vaya, qué afirmación tan poderosa!»

AMO A LOS MIEMBROS
DE MI FAMILIA TAL COMO SON

Los hijos no son propiedad de los padres, sino una bendición del Universo. Son espíritus luminosos, almas espirituales de antaño que vienen a este mundo para tener otra experiencia humana. Han elegido a sus padres por las lecciones y los retos que estos les ofrecerán. Están aquí para enseñarnos muchas cosas si nos mantenemos lo bastante abiertos como para aprender de ellos. Los hijos son todo un reto, porque con frecuencia ven la Vida de formas distintas. Los padres insisten en enseñarles ideas antiguas y desfasadas, pero los hijos saben instintivamente que no son adecuadas para ellos. El deber de los padres es ofrecerles un espacio seguro y sustentador para que estas almas desarrollen plenamente su personalidad actual.

Ojalá fuéramos conscientes de que cada niño que viene a este planeta es un sanador que, si se le anima, puede hacer cosas maravillosas para que la humanidad progrese. Cuando intentamos obligar a un niño a que encaje en el molde que nos transmitieron nuestros abuelos, le estamos haciendo un flaco favor tanto a él como a la sociedad.

LE DOY LAS GRACIAS A ESTA SITUACIÓN CON AMOR

La herramienta más poderosa que puedo compartir contigo para transformar cualquier situación es el poder de darle las gracias con amor. Sea lo que sea a lo que te dediques o sientas lo que sientas por tu lugar de trabajo, dale las gracias con amor. Me refiero a que lo hagas de manera literal. No tengas solo pensamientos positivos de forma vaga. Di en su lugar: «Le doy las gracias a este trabajo con amor». Encuentra un lugar donde puedas decirlo en voz alta, expresar el amor es poderosísimo. Es más, dale las gracias con amor incluso a todo cuanto hay en tu lugar de trabajo: el equipo, el mobiliario, la maquinaria, los productos, los clientes, los compañeros de trabajo y los jefes y cualquier otra cosa que tenga que ver con tu profesión. Hacerlo va de maravilla.

Solo acepto a personas buenas y afectuosas en mi mundo

A la mayoría de personas les cuesta afrontar el fin de una relación. Suelen darle el poder al otro, creen que es la fuente del amor que sienten. Y si esa persona las deja, se sienten desoladas. Olvidan que el amor se encuentra en su interior. Pero tenemos el poder de elegir nuestros sentimientos. No olvides que ninguna persona, lugar o cosa tiene poder alguno sobre ti. Dale las gracias con amor y deja que se vaya.

Algunas personas están tan hambrientas de amor que aguantan una mala relación solo para estar con alguien, sea quien sea. Todos necesitamos aprender a querernos profundamente para atraer a nuestra vida solo a las personas que más nos convienen.

Todos debemos negarnos a aceptar cualquier clase de maltrato. Si lo aceptamos le estamos diciendo al Universo que eso es lo que creemos merecer, por lo que recibiremos más de lo mismo. Di con firmeza: *Solo acepto a personas buenas y afectuosas en mi mundo.*

La vida me ama incondicionalmente

Fíjate en que la afirmación *La Vida te ama* solo se compone de cuatro palabras. Eso es todo. No es *La vida te ama porque...* Por ejemplo, *porque soy buena persona, o porque trabajo mucho, o porque me han ascendido en el trabajo, o porque ha ganado mi equipo de fútbol.* Asimismo, tampoco es *La Vida te amará si...* Por ejemplo: *si pierdo cinco kilos, o si supero este cáncer, o si encuentro novia. La Vida te ama* incondicionalmente.

Cuando te sientes merecedor de amor, experimentas un mundo que te ama. El mundo es un espejo. No hay una diferencia real entre decirte *Te amo* y decirte *La Vida te ama.* Se trata del mismo amor. Cuando dejas que la vida te ame, te sientes merecedor de amor, y cuando te sientes merecedor de amor, dejas que la vida te ame. En este caso, estás preparado para ser quien realmente eres.

Estoy muy agradecido por todo el amor que hay en mi vida

Deja que estas afirmaciones llenen tu conciencia, sabedor de que se volverán ciertas para ti. Ponlas en práctica a menudo, con alegría:

- *De vez en cuando, les pregunto a las personas que amo cómo puedo amarlas más todavía.*
- *Elijo verlo todo con claridad con los ojos del amor. Me encanta lo que veo.*
- *Atraigo el amor y el romanticismo a mi vida, y los acepto ahora.*
- *El amor está presente a cada paso, y mi mundo está repleto de alegría*
- *Me alegro del amor con el que me encuentro a diario.*
- *Me siento a gusto mirándome al espejo y diciéndome: «Te amo. Te amo de verdad».*
- *Ahora me merezco el amor, el romanticismo, la alegría y todo lo bueno que la Vida tiene para ofrecerme.*
- *Estoy rodeado de amor. Todo está bien.*
- *Soy una persona hermosa y todos me aman.*
- *Vaya donde vaya, me recibe el amor.*
- *Atraigo solo relaciones saludables. Siempre me tratan bien.*
- *Agradezco profundamente todo el amor que hay en mi vida. Me lo encuentro por todas partes.*

AMO MI SER Y MI SEXUALIDAD

La gente, o bien equipara sexo con amor o bien necesita estar enamorada para tener sexo. Muchas personas crecen creyendo que el sexo es pecaminoso fuera del matrimonio, o que la finalidad del sexo es la procreación y no el placer. Pero algunas se han rebelado contra este concepto y creen que el sexo no tiene nada que ver con el amor.

La mayoría de creencias sobre el sexo y de ideas sobre Dios y la religión las adquirimos en la infancia. A muchas personas les inculcaron a una tierna edad la idea de lo que yo llamo «el Dios de Mamá», es decir, lo que nuestra madre nos enseñó sobre Dios cuando éramos muy pequeños. La imagen de este Dios es la de un anciano con barba. Está sentado sobre una nube, mirando de hito en hito los genitales de los seres humanos, esperando pillar a alguien pecando.

Piensa un momento en la inmensidad del Universo. ¡En lo perfecto que es todo! Piensa en el nivel de Inteligencia que lo creó. A mí me cuesta creer que esa Inteligencia Divina se pueda parecer a un anciano criticón mirando mis genitales.

Cuando éramos bebés sabíamos lo perfecto que era nuestro cuerpo y nos encantaba nuestra sexualidad. Los bebés nunca se avergüenzan de sí mismos. Ningún bebé se ha medido nunca las caderas con una cinta métrica para ver si vale la pena como persona.

Elijo el amor en lugar del miedo

En cualquier situación, creo que podemos elegir entre el amor o el miedo. Nos dan miedo los cambios, nos da miedo no cambiar, nos da miedo el futuro, y también arriesgarnos. Nos da miedo la intimidad, así como la soledad. Nos da miedo expresar a los demás lo que necesitamos y quiénes somos, y también dejar atrás el pasado.

En la otra punta del espectro está el amor. El amor es el milagro que todos andamos buscando. Amarse a uno mismo hace milagros en la vida. No me refiero a la vanidad ni a la arrogancia, ya que esto no es amor, sino miedo. Me refiero a sentir un gran respeto por nosotros mismos y a estar agradecidos por el milagro de nuestro cuerpo y nuestra mente.

Estoy dispuesto a perdonar a todo el mundo para ser libre

Sigas el camino espiritual que sigas, descubrirás que el perdón es importantísimo en cualquier momento, en especial cuando tenemos una enfermedad. Cuando estamos enfermos necesitamos realmente mirar a nuestro alrededor y ver a quién necesitamos perdonar. Y normalmente la persona a la que creemos que nunca perdonaremos es precisamente a la que más necesitamos perdonar. No perdonarla no le perjudica a ella lo más mínimo, pero es devastador para uno. El problema no lo tiene la otra persona, sino nosotros.

El rencor y las heridas emocionales no tienen que ver con negarnos a perdonar a alguien, sino con no perdonarnos a nosotros mismos. Afirma que estás dispuesto a perdonar a todo el mundo: *Estoy dispuesto a liberarme del pasado. Estoy dispuesto a perdonar a los que quizá me han hecho daño, y a perdonarme por haber hecho daño a otros.* Si te viene a la cabeza alguna persona que te haya hecho daño en cualquier sentido en un momento de tu vida, deséale lo mejor con amor, libérate de tu rencor y no le des más vueltas al asunto.

Me desprendo de mi ira y me libero

No te tragues la ira ni dejes que se vaya acumulando en el cuerpo. Cuando te enojes, desahógate físicamente. Hay varios métodos para liberar esos sentimientos de forma positiva. Puedes gritar dentro del coche con las ventanillas cerradas, golpear la cama o dar puntapiés a las almohadas. También puedes hacer ruido y decir lo que se te antoje. O ponerte a chillar con la boca pegada a un cojín. También puedes correr por una pista de atletismo o jugar un partido de tenis para desahogarte. ¡Golpea la cama o da puntapiés a las almohadas al menos una vez a la semana —estés o no enojado—, para liberar la tensión física acumulada en el cuerpo!

Estoy abierto y receptivo a la curación que necesito

Visualiza una nueva puerta abriéndose a una década de una gran curación que no entendiste en el pasado. Estamos aprendiendo sobre las capacidades increíbles de curación que hay en nuestro interior. Y también a conectar con las partes de nuestro ser que conocen las respuestas y que están ahí para dirigirnos y guiarnos de la manera más conveniente.

Visualiza esta nueva puerta abriéndose de par en par e imagínate que la cruzas para encontrar la curación en muchas formas distintas, ya que la curación tiene para cada uno distintos significados. Algunas personas necesitan que su cuerpo se cure, y otras, que sea su mente la que sane. Mantente abierto y receptivo a la curación que necesitas. Visualiza que cruzas la puerta del crecimiento personal abierta de par en par, sabiendo que te adentras en un lugar seguro. Y así es.

Cada vez me es más fácil hacer cambios

Tú eres mucho más que solo la mente. Tal vez creas que es la mente la que lleva la batuta, pero lo que ocurre es que le has enseñado a pensar así. Pero puedes sacarla de su error y entrenar de nuevo esta herramienta tuya.

Tu mente es una herramienta que puedes usar como desees. Ahora tu forma de usarla no es más que un hábito, y los hábitos, sean cuales sean, se pueden cambiar si así lo deseas, o incluso si sabes que es posible hacerlo.

Silencia el parloteo de la mente por un momento y piensa de verdad en este concepto: *la mente es una herramienta que puedes usar como desees.*

Los pensamientos que «eliges» tener son los que crean tus vivencias. Si crees que es difícil o duro cambiar un hábito o un pensamiento, al haber elegido ese pensamiento, se cumple para ti. Pero si eliges pensar: *Cada vez me es más fácil hacer cambios,* será este pensamiento el que se haga realidad.

CREO CREENCIAS NUEVAS Y MARAVILLOSAS EN MI VIDA

Al igual que un espejo refleja tu imagen, tus experiencias reflejan tus creencias internas. Cuando te ocurra algo desagradable en la vida, mira dentro de ti y pregúntate: *¿Cómo estoy contribuyendo a esa experiencia? ¿Qué es en mi interior lo que cree que me la merezco? ¿Cómo puedo cambiar esa creencia?*

1. Plántate delante del espejo. Respira hondo y, mientras exhalas, deja que la tensión desaparezca del cuerpo.

2. Mírate la frente e imagínate que oyes en tu cabeza todas las antiguas creencias y los pensamientos negativos. Levanta en alto los brazos e imagínate que te sacas esas palabras de la cabeza y las arrojas lejos.

3. Mirándote ahora profundamente a los ojos, di: *Voy a grabar en mi mente unas creencias y afirmaciones nuevas y positivas.*

4. Repite las siguientes afirmaciones en voz alta: *Estoy dispuesto a dejarlas ir. Suelto la tensión. Suelto el miedo. Suelto la ira. Suelto la culpabilidad. Suelto la tristeza. Suelto mis antiguas limitaciones y creencias. Estoy en paz conmigo mismo. Estoy en paz con el proceso de la vida. Me siento seguro.*

5. Repite estas afirmaciones dos o tres veces.

6. A lo largo del día, cuando te venga un pensamiento negativo a la cabeza, saca el espejo de mano que llevas encima y repite estas afirmaciones.

Elijo amarme y divertirme

Cuando te encuentras en un estado de ansiedad o miedo que te impide funcionar, tal vez acabes abandonando a tu niño interior. Piensa en cómo puedes volver a conectar con él. ¿Qué puedes hacer para divertirte? ¿Cómo te lo puedes pasar bien en este momento?

Escribe una lista con 15 formas en las que puedas divertirte con tu niño interior. Tal vez disfrutes leyendo buenos libros, yendo al cine, cuidando del jardín, escribiendo un diario o dándote un baño con agua caliente. ¿Y qué me dices de hacer algunas actividades «infantiles»? Tómate tu tiempo para pensar en ellas. Podrías corretear por la playa, columpiarte en un parque infantil, dibujar con lápices de cera o trepar a un árbol. En cuanto hayas escrito la lista, procura hacer al menos una de las actividades cada día. ¡Deja que la curación empiece!

¡Observa todo lo que has descubierto! Sigue con las actividades, ¡tú y tu niño interior os lo pasaréis en grande! Siente cómo recuperas la relación que manteníais.

Doy las gracias a todas mis amistades con amor

Las amistades pueden ser nuestras relaciones más duraderas e importantes. Podemos vivir sin amantes o cónyuges. Podemos vivir sin una familia biológica, pero la mayoría de personas no pueden ser felices en la vida sin amigos. Creo que elegimos a nuestros padres antes de venir al mundo, pero elegimos a nuestros amigos a un nivel más consciente.

Los amigos pueden ser una prolongación o un sustituto de la familia nuclear. La mayoría sentimos la profunda necesidad de compartir nuestras vivencias con los demás. Cuando tenemos amigos, además de aprender más cosas de otros, aprendemos a conocernos mejor. Estas relaciones reflejan nuestra autoestima y nuestra valía personal. Nos ofrecen la oportunidad perfecta para mirar en nuestro interior y detectar los aspectos en los que necesitamos crecer.

Cuando las relaciones que mantenemos con los amigos se estropean, podemos observar los mensajes negativos que recibimos en la niñez. Tal vez haya llegado el momento de hacer una limpieza mental. Limpiar la casa mental después de haber estado recibiendo toda la vida mensajes negativos se parece un poco a seguir un buen programa nutricional tras haber estado consumiendo comida basura toda la vida. A medida que cambias de dieta, tal vez te sientas peor durante uno o dos días por estar tu cuerpo eliminando toxinas. ¡Pero puedes hacerlo! ¡Lo sé sin lugar a dudas!

SOY UNA CRIATURA BIENAMADA DEL UNIVERSO

Todos somos criaturas bienamadas del universo y, sin embargo, en el mundo ocurren cosas espantosas, como el maltrato de menores. Dicen que el 30 por ciento de la población lo ha sufrido en la infancia. No es un hecho nuevo. Hemos llegado a un punto en el que estamos tomando conciencia de hechos que solían esconderse detrás de los muros del silencio. Esos muros se están empezando a desmoronar para poder hacer cambios. La toma de conciencia es el primer paso para realizarlos. Aquellos de nosotros que tuvimos una infancia difícil nos rodeamos de corazas y muros gruesos y resistentes. Pero, detrás de los muros que levantamos, el niño interior que llevamos dentro está deseando que lo tengamos en cuenta, lo amemos y lo aceptemos exactamente tal como es, y no que lo cambiemos o lo obliguemos a ser de otra manera.

Sea lo que fuere lo que te haya ocurrido en el pasado, deja ahora que el diminuto niño que hay en ti prospere y sepa que le amas inmensamente. Afirma: *Es seguro para mí crecer.*

SÉ QUE LA VIDA SIEMPRE ME APOYA

A Bo [la hija de Robert Holden] le encanta leer cuentos nada más despertar por la mañana y antes de irse a la cama. Entre sus libros infantiles hay dos escritos por Louise Hay: uno es *¡Yo pienso, yo soy!,* una historia que les enseña a los niños el poder de las afirmaciones. Y el otro, *The Adventures of Lulu,* una serie de relatos que ayudan a los niños a confiar en sí mismos y ser creativos.

«En mi niñez me habría gustado ser como Lulú», afirma Louise. «Esa niña sabe que es adorable y que la vida le ama.»

Lulú y Bo son de la misma edad. Ambas son rubias. Las dos tienen un hermano pequeño. A veces se asustan. O se sienten dolidas. Y la vida les enseña a escuchar su corazón y a vivir con valentía. En una de las canciones de Lulú, hay una estrofa que dice:

> *Puedes ser lo que quieras ser,*
> *puedes hacer lo que quieras hacer,*
> *puedes ser lo que quieras ser,*
> *toda la Vida te apoya.*

AHORA GOZO EN LA VIDA DE
AMOR, LUZ Y DICHA ILIMITADOS

Mientras lees estas líneas, respira hondo y, al exhalar, deja que la tensión abandone tu cuerpo. Deja que el cuero cabelludo, la frente y la cara se relajen. Al leerlas no es necesario que tu cabeza esté tensa. Deja que la lengua, la garganta y los hombros se relajen. Puedes sostener un libro con los brazos y las manos relajados. Hazlo ahora. Deja que la espalda, el abdomen y la pelvis se relajen. Deja que la respiración se calme mientras relajas las piernas y los pies.

¿Has notado un gran cambio en tu cuerpo desde que has empezado a leer el párrafo anterior? Advierte lo tenso que estabas. Si te ocurría con el cuerpo, también te ocurría lo mismo con la mente.

En esta postura relajada y cómoda, repite: «Estoy dispuesto a soltar la tensión. La abandono. La suelto. Me libero de ella. Suelto el miedo. Suelto la ira. Suelto la sensación de culpa. Suelto la tristeza. Suelto todas las antiguas limitaciones. Lo suelto todo y me siento en paz. Estoy en paz conmigo mismo. Estoy en paz con el proceso de la vida. Me siento seguro».

ABANDONO CON FACILIDAD LOS VIEJOS PATRONES NEGATIVOS

¿Cuál fue tu vivencia del amor en la niñez? ¿Viste a tus padres expresar amor y afecto? ¿Te criaron con un montón de abrazos? ¿O en tu familia manifestaban el amor con peleas, gritos, llantos, portazos, manipulación, control, silencio o venganza? Si fue así, lo más probable es que busques unas vivencias parecidas en la adultez. Te sentirás atraído por personas que reforzarán en ti esas ideas. Si en la infancia buscaste amor y encontraste sufrimiento, de adulto encontrarás sufrimiento en lugar de amor…, a no ser que abandones los viejos patrones familiares.

AMO A MIS HIJOS, Y MIS HIJOS ME AMAN

Afirmaciones para mis hijos

Me comunico abiertamente con mis hijos.
Mis hijos están protegidos Divinamente.
Tengo una familia afectuosa, armoniosa, dichosa y saludable.
Mis hijos están a salvo y seguros dondequiera que vayan.
Mantengo una relación afectuosa y serena
con mis hijos.
Mis hijos crecen fuertes y se aman a sí mismos.
Acepto y aprecio la singularidad de mis hijos.
Dejo que se expresen libremente.
Amo a mis hijos y ellos también me aman.
Todos formamos parte de la familia del amor.

Mi hogar es un lugar maravilloso en el que vivir

Observa tu hogar. ¿Es el lugar en el que realmente quieres vivir? ¿Es cómodo y alegre o está abarrotado, sucio y hecho un desastre? Si no te sientes a gusto en él, nunca lo disfrutarás. Tu hogar es un reflejo de ti. ¿En qué estado está? Ordena los armarios y limpia la nevera. Saca toda la ropa que ya no te pongas de los armarios y véndela, regálala o quémala. Deshazte de ella para dejar espacio para lo nuevo. Mientras lo haces, di: «Estoy ordenando los armarios de mi mente». Haz lo mismo con la nevera. Saca toda la comida y las sobras que lleven un tiempo en ella.

Las personas que tienen en su casa los armarios y la nevera abarrotados tienen una mente abarrotada. Haz que tu hogar sea un lugar maravilloso en el que vivir.

CONFÍO EN QUE LA VIDA
SIEMPRE QUIERE LO MEJOR PARA MÍ

En la infinitud de la vida en la que estoy,
todo es perfecto, pleno y completo.
Lo Divino siempre me protege y guía.
Es seguro para mí mirar en mi interior.
Es seguro para mí observar el pasado.
Es seguro para mí ensanchar mi punto de vista de la vida.
Soy mucho más que simplemente
mi personalidad pasada, presente o futura.
Elijo ahora ir más allá de mis problemas de personalidad
para reconocer la grandeza de mi ser.
Estoy totalmente dispuesto a aprender a amarme.
Todo está bien en mi mundo.

He venido a este planeta para aprender a amar

Estamos en medio de un cambio enorme individual y global. Creo que todos los que vivimos en esta época hemos elegido venir a este mundo para formar parte de esos cambios, para contribuir a ellos y transformar la antigua forma de vivir en el mundo en una existencia más afectuosa y pacífica.

En la Era de Piscis buscábamos «fuera» nuestra salvación. «Sálvame. Sálvame. Te ruego que cuides de mí.» Ahora estamos entrando en la Era de Acuario y estamos aprendiendo a encontrar a nuestro salvador en nuestro interior. Somos el poder que andábamos buscando. Somos los dueños de nuestra vida.

Si no estás dispuesto a amarte hoy, no te amarás mañana, porque cualquier excusa que hoy te pongas te la seguirás poniendo mañana. A lo mejor recurrirás a la misma durante 20 años, e incluso dejarás esta vida sin haberte deshecho de ella. Hoy es el día en que puedes amarte plenamente.

Todo cuanto me ocurre
es para mi mayor bien

Puedes pedirle a la Vida que te ayude en cualquier situación. La Vida te ama y siempre estará a tu lado si se lo pides. Mírate al espejo y pregúntale a la Vida: «¿Qué necesito?» Presta atención para escuchar la respuesta, notar una sensación o advertir sea lo que sea lo que surja. Si en ese momento no percibes nada, mantente abierto a una respuesta que te llegara más tarde. Y afirma:

La Vida me ama.
Confío en que todo será maravilloso.
Observo con alegría cómo la Vida
me apoya y cuida de mí a más no poder.
Sé que solo me esperan cosas buenas a cada paso.
Todo está bien. Todo ocurre para mi mayor bien.
De esta situación solo sacaré cosas positivas.
Estoy a salvo.

Soy muy afortunada

Louise empieza la jornada que le espera con gratitud: «Es una gran forma de empezar el día», afirma. Sin embargo, no se limita a hacer un ejercicio de gratitud de 10 minutos y luego se sumerge en el trajín de la vida cotidiana, sino que señala que es plenamente consciente de ese sentimiento a lo largo del día. Por todas partes de su casa hay recordatorios para que no se olvide. Debajo del espejo de la cocina hay un cartel con letras doradas que pone: *¿De qué te sientes agradecida hoy?* Louise tiene muy presente la práctica de la gratitud y expresa con alegría a todos y a todo lo agradecida que está.

«Louise, te he estado observando y he visto que mantienes un constante diálogo con la vida», le comentó Robert Holden. «Le hablas a la cama. Le hablas al espejo. Le hablas a la taza de té. Le hablas al bol del desayuno. Le hablas al ordenador. Le hablas al coche. Le hablas a la ropa. Le hablas a todo.»

«Sí, es cierto», asintió Louise con orgullo.

«Y lo que sobre todo dices es "gracias".»

«Bueno, agradezco que el coche me funcione, que el ordenador me permita conectar con mis amigos y que mi ropa sea tan agradable.»

«Creo que llevas una vida encantada», le comentó él.

«Mi vida está colmada de bendiciones», afirmó ella.

Dejo ahora de criticarme

La mayoría de personas tenemos tan arraigado el hábito de juzgarnos y criticarnos a nosotros mismos que nos cuesta horrores dejarlo. También es el problema más importante que necesitamos resolver. Hasta que no dejemos de hacernos la vida imposible, no podremos querernos de verdad.

Cuando éramos bebés estábamos abiertos por entero a la vida. Contemplábamos el mundo maravillados. A no ser que algo nos asustara o dañara, aceptábamos la vida tal como era. Pero más tarde, a medida que fuimos creciendo, empezamos a aceptar las opiniones de los demás y a interiorizarlas como nuestras. Aprendimos a criticarnos a nosotros mismos.

Tal vez te hicieron creer que necesitas criticarte para madurar y cambiar. ¡Pero yo no estoy de acuerdo con este concepto en absoluto!

En mi opinión, las autocríticas nos marchitan el espíritu. Solo refuerzan la creencia de «no valer lo suficiente». Y, sin duda, no sacan lo mejor de nosotros.

SOY PERFECTO EXACTAMENTE TAL COMO SOY

Ni te sobra ni te falta nada. No tienes por qué demostrarle a nadie o a nada quién eres. Eres la expresión perfecta de la unidad de la vida. En la infinitud de la vida has estado encarnando muchas identidades, cada una ha sido una expresión perfecta para esa vida en particular. Alégrate de ser quien eres y aquello que eres en esta vida. No anheles ser como otro, ya que esa no es la expresión que has elegido esta vez. La próxima serás distinto. Eres perfecto tal como eres, en este mismo momento. No necesitas nada más. Eres uno con toda la Vida.

No es necesario intentar mejorar. Lo único que necesitas es amarte hoy más que ayer y tratarte como a una persona muy querida. El amor es la nutrición que los humanos necesitamos para alcanzar nuestra grandeza. A medida que aprendas a amarte más, aprenderás a amar más a todo el mundo.

Juntos estamos sustentando amorosamente un mundo incluso más hermoso aún. Todos sanamos, y el planeta también sana. Reconocemos con alegría nuestra perfección y la perfección de la Vida. Y así es.

Soy una presencia amorosa en el mundo

Creo que ha llegado el momento de dejar nuestra forma limitada de pensar y de adquirir una visión más cósmica de la vida. La comunidad de seres humanos del planeta Tierra se está abriendo hasta un extremo nunca visto. Nuevos niveles de espiritualidad nos están conectando. Estamos aprendiendo al nivel del alma que todos somos uno. Hemos decidido reencarnarnos en esta época por una razón. Creo que hemos elegido a un nivel profundo formar parte del proceso curativo del planeta.

Recuerda que cada vez que tienes un pensamiento, sale de ti y conecta con el de otras personas afines que piensan lo mismo que tú. Si sigues atrapado en las autocríticas, los prejuicios, la culpabilidad y el miedo, no podrás pasar a nuevos niveles de conciencia. A medida que cada uno practiquemos el amarnos a nosotros mismos y amar a los demás incondicionalmente, el planeta entero sanará.

AMO Y APOYO A LAS MUJERES QUE FORMAN PARTE DE MI VIDA Y DISFRUTO DE SU PRESENCIA

En honor del Día Internacional de la Mujer, elige afirmaciones que te empoderen como mujer (u ofréceselas las siguientes afirmaciones como regalo y ofréceselas también a las mujeres que forman parte de tu vida):

Me encanta ser mujer.
Veo en mi interior un ser maravilloso.
Me amo y me aprecio.
Soy una mujer poderosa,
infinitamente merecedora de amor y respeto.
Soy sabia y bella.
Soy libre de ser lo que quiero ser.
No estoy atada a nadie, soy libre.
Elijo amarme y disfrutar de mi condición femenina.
Amo y apoyo a las mujeres que forman parte
de mi vida y disfruto de su presencia.
Me siento segura, y todo está bien en mi mundo.

COLABORO CON MI YO SUPERIOR EN LA CREACIÓN DE MI VIDA

La creatividad del Universo fluye a través de mí todo el día, lo único que debo hacer para sentirla es saber que formo parte de ella. Es fácil reconocer la creatividad cuando se plasma en forma de un cuadro, una novela, una película, un nuevo vino o una empresa nueva. Sin embargo, estoy creando mi vida entera a cada momento, desde la elaboración más común y corriente de células nuevas en mi cuerpo o la elección de mi reacción emocional ante los antiguos patrones de mis padres hasta mi trabajo actual, mi cuenta bancaria, mis relaciones con los amigos y mis actitudes respecto a mí.

Uno de mis dones más poderosos es mi imaginación. La utilizo para ver cómo nos ocurren cosas buenas tanto a mí como a todo el mundo que me rodea. Me siento en paz cuando colaboro con mi Yo Superior en la creación de mi vida.

10 DE MARZO

Estoy rodeado de buenos conductores

Ilustraré por medio de la conducción cómo empezar la jornada de forma diferente. Ante todo, trata tu coche como si fuera un amigo tuyo. Háblale con cariño. Yo le digo al mío: «Hola, cielo, ¿cómo estás? Me alegro de verte. Hoy el trayecto al despacho será una gozada».

Incluso puedes ponerle un nombre, yo lo he hecho. Y cuando salgo de casa, afirmo: *Estoy rodeada de buenos conductores,* y me aseguro de enviarles amor a todos los coches de mi alrededor. Siempre me gusta sentir que estoy rodeada de amor a lo largo del trayecto.

Mientras conduces también puedes repetir estas otras afirmaciones:

Mi trayecto en coche es cómodo y fácil.
Hago mi trayecto en coche con fluidez y llego antes de lo esperado.
Me siento a gusto en mi coche.
Sé que el trayecto al despacho [o a la universidad, al supermercado o a cualquier otra parte] será estupendo.
Le doy las gracias a mi coche con amor.
Le envío amor a cada persona con la que me cruzo.

Confío en mi sabiduría interior

En el interior de todos hay un lugar donde estamos totalmente conectados con la sabiduría infinita del universo. En ese lugar conocemos las
respuestas a todas las preguntas que podamos hacernos. Aprende a confiar en tu sabiduría interior.

*Mientras cumplo con mi agenda cotidiana, escucho a mi guía interior.
Mi intuición siempre está de mi lado. Confío en que nunca me fallará. Estoy
a salvo.*

Me desprendo de mi resentimiento y me libero

Hay un antiguo ejercicio de Emmet Fox para desprendernos del resentimiento que siempre funciona. Nos aconseja sentarnos en silencio, cerrar los ojos y dejar que el cuerpo y la mente se relajen. Imagínate que estás sentado en un teatro, envuelto en la penumbra, y que ante ti hay un pequeño escenario. Visualiza en él a la persona con la que más resentida estés. Puede ser del pasado o del presente, estar viva o tratarse de un difunto. Cuando la veas con claridad, visualiza que le ocurren cosas buenas, situaciones importantes para ella. Visualízala sonriente y feliz.

Retén esta imagen varios minutos y deja luego que desaparezca de tu mente. A mí me gusta añadir al ejercicio un paso más. En cuanto el escenario se quede vacío, visualízate a ti en su lugar. Imagínate que te ocurren cosas buenas. Estás sonriente y feliz. No olvides que todos podemos gozar de la abundancia del Universo.

ME LIBERO DEL PASADO
FÁCILMENTE Y PERDONO A TODO EL MUNDO

La sanación se produce al liberarse del pasado. Todos hemos sufrido desastres y dolor. La única forma de sobrevivir al pasado es acostumbrarnos a perdonar. Si no lo haces, no podrás pasar página. Te quedarás atrapado en el pasado. Tu vida no avanzará, estarás estancado. El presente no te reconfortará, porque seguirás viviendo en el pasado. El futuro te parecerá más de lo mismo, pues no verás más que tu pasado. Aunque el pasado ya sea historia, en tu mente sigue estando presente. Por eso te hace sufrir.

Hasta que no perdones a todo el mundo, seguirás viviendo en el pasado y te perderás el futuro. Sin embargo, el perdón te enseña que en realidad tú no tienes nada que ver con lo que te ocurrió en el pasado. Tus vivencias no son tu identidad. Pueden impactarte mucho, pero no te definen. Lo que le hiciste a otro o lo que te hicieron a ti no es el final de la historia. Cuando consigas decir: «Yo no soy mi pasado» y «Estoy deseando perdonar mi pasado», podrás crear un nuevo futuro. El perdón te permite comenzar un nuevo capítulo en tu vida.

Creo afectuosamente mi propia realidad

Los problemas emocionales son una de las cosas que más nos hacen sufrir. De vez en cuando nos sentimos enojados, tristes, solos, culpables, ansiosos o asustados. Cuando esos sentimientos se apoderan de nosotros y son los que predominan, nuestra vida puede convertirse en un campo de batalla emocional.

Tenemos que comprender que no importa lo que alguien nos haya hecho o lo que nos hayan enseñado en el pasado. Hoy es un nuevo día. Hoy somos los dueños de nuestra vida. Ahora es el momento de crear nuestro futuro. Y sin duda podemos lograrlo, ya que en nuestro interior hay un Poder Superior que nos ayuda a eliminar esos patrones si lo deseamos.

Afirmaciones para la salud emocional

Vivo ahora envuelta en un amor, una luz y una alegría ilimitados.
Todo está bien en mi mundo.
Reivindico mi poder y creo afectuosamente mi propia realidad.
Mi nivel de comprensión es cada vez mayor.
Estoy cambiando de forma positiva.
Me amo y me apruebo.
Confío en la Vida y me siento seguro.
Acepto mi singularidad.
Es seguro mirar dentro de mí.
La Vida me apoya.

Elijo verlo todo
claramente con los ojos del amor

Deja hoy de criticarte y de mantener diálogos interiores negativos. Abandona tu antigua forma de pensar, la que te reprende y se resiste a los cambios. Olvídate de las opiniones que los demás tienen de ti. Afirma: *Valgo lo suficiente con creces. Soy una persona digna de amor.*

1. Plántate delante del espejo.
2. Mírate a los ojos.
3. Repite esta afirmación: *Me amo y me apruebo.*
4. Repítela una y otra vez: *Me amo y me apruebo.*
5. Repite esta afirmación al menos 100 veces al día. Sí, lo has entendido bien, cien veces al día. Deja que *Me amo y me apruebo* se vuelva tu mantra.
6. Cada vez que pases por delante de un espejo o que te veas reflejado en una ventana, repite esta afirmación.

Es un ejercicio que he enseñado a lo largo de los años a centenares de personas. Cuando lo siguen haciendo, produce grandes resultados. No olvides que el trabajo con el espejo solo funciona en la práctica; si se queda en la teoría no sirve de nada. Cuando lo apliques en tu vida cotidiana, notarás una gran diferencia.

ACEPTO LA SALUD COMO
EL ESTADO NATURAL DE MI SER

En la infinitud de la vida en la que estoy,
todo es perfecto, pleno y completo.
Acepto la salud como el estado natural de mi ser.
Dejo conscientemente cualquier patrón mental
que se exprese como cualquier forma de malestar.
Me amo y me apruebo.
Amo y apruebo mi cuerpo.
Me alimento con comida y bebidas nutritivas.
Hago la clase de ejercicio que me gusta.
Considero mi cuerpo como una máquina maravillosa y fabulosa
y soy un privilegiado por vivir en él.
Tengo un montón de energía.
Todo está bien en mi mundo.

MI MENTE ES UN JARDÍN
LLENO DE PENSAMIENTOS BELLOS

Ve tu mente como un jardín. Para empezar, un jardín es un trozo de tierra. Tal vez lo tengas lleno de zarzas de odio hacia ti y de piedras de desesperación, rabia y preocupación. Y, además, el vetusto árbol del miedo está pidiendo a gritos una buena poda. En cuanto hayas limpiado bien el terreno y abonado la tierra, siembra algunas semillas o retoños de alegría y prosperidad. Les dará el sol, y tú los regarás, los nutrirás y los cuidarás con afecto.

Al principio apenas notarás ningún cambio. Pero no lo abandones, sigue ocupándote de tu jardín. Si eres paciente, las plantas crecerán y se llenarán de flores. Lo mismo ocurre en tu mente: seleccionas los pensamientos que vas a cuidar, y si eres paciente verás cómo crecen y te ayudan a crear el jardín de experiencias que deseas.

Mi vida se está desplegando espléndidamente

Hoy es la única oportunidad que tendrás nunca para vivir este día. Vive el ahora y disfruta de cada momento. No desaproveches los días por culpa de la frustración, porque de ser así apenas gozarás de la vida. Dedícate durante un mes a expresar tu gratitud a la menor oportunidad que tengas. Como a la Vida le encantan las personas agradecidas, les ofrece incluso más cosas para agradecer. Afirma: *Mi vida se está desplegando espléndidamente. Estoy en paz.*

DONDEQUIERA QUE MIRE, NO VEO MÁS QUE BELLEZA

La belleza está en todas partes. La belleza natural resplandece en todo, en cada florecilla, en las formas que produce la luz al reflejarse en el agua, en la silenciosa fortaleza de los árboles centenarios. La naturaleza me emociona, me renueva y me refresca. Las cosas más sencillas de la vida me relajan, alegran y sanan. Cuando contemplo con amor la naturaleza, descubro que puedo contemplarme con amor fácilmente. Formo parte de la naturaleza; por lo tanto, soy una persona bella a mi propia y única manera. Dondequiera que mire, no veo más que belleza. Hoy vibro con toda la belleza de la vida.

Soy un alma bella y singular

Para aceptarte tienes, entre otras cosas, que olvidarte de las opiniones de los demás. Si yo viviera contigo y no cesara de decirte: «Eres un cerdo violeta, eres un cerdo violeta», te reirías de mí o te enojarías conmigo, y pensarías que estoy loca. Dudo mucho que te lo creyeras. Sin embargo, muchas de las cosas que decidimos creer sobre nosotros mismos son tan disparatadas y tan falsas como esta. Creer que tu valía intrínseca depende de tu silueta es tu propia versión de creer que «eres un cerdo violeta».

Con frecuencia, aquello que vemos como nuestros «defectos» no son más que expresiones de nuestra propia individualidad. Es lo que nos hace únicos y especiales. La naturaleza nunca se repite a sí misma. Desde los albores del tiempo no ha habido dos copos de nieve idénticos ni dos gotas de lluvia iguales. Y cada margarita es distinta de las otras. Nuestras huellas dactilares son distintas, y nosotros también. *Estamos hechos para ser diferentes. Cuando aceptamos que es así, dejamos de competir y de compararnos con los demás.* Intentar ser como otra persona es hacer que nuestra alma se marchite. Hemos venido a este planeta para expresar quiénes *somos.*

Expreso agradecimiento y doy las gracias cada día de todas las formas posibles

«¿A qué no te imaginas lo último que hago por la noche?», le dijo Louise con ojos centelleantes.

«¿Qué haces?», le preguntó Holden.

«Me voy a la cama con miles de personas de todo el mundo», repuso ella riendo.

«¿Y cómo es esto posible?»

«La gente me lleva a la cama con ellos», respondió Louise.

«¡Vaya, qué bien!»

«Me descargan de Internet para que podamos acostarnos en la cama y meditar juntos antes de dormir», me contó.

«¡Louise Hay, qué traviesa eres!»

«¿Y a que no adivinas qué más hago antes de acostarme?»

«No tengo ni idea», contestó él.

«Repaso el día, y bendigo y agradezco cada experiencia vivida», le comentó.

«¿Lo haces en la cama?»

«La mayor parte del tiempo, sí. Anoche abrí mi espejo de mano, aquel que me regalaste, el que tiene grabado *La Vida te ama*, y le expresé en voz alta mi agradecimiento por todo.»

22 DE MARZO

Soy uno con la vida, y la vida entera me ama y me apoya

Estamos unidos a la Inteligencia Divina. No nos interesan los aspectos negativos del mundo exterior, pues nada tienen que ver con nosotros. Esperamos obtener resultados positivos, y así es. Atraemos solo a aquellas personas del mundo que actúan en consonancia con el nivel más alto de integridad.

Todo lo que hacemos lo llevamos a cabo de la forma más positiva. Nos sentimos constantemente agradecidos por las oportunidades que la Vida nos ofrece para ayudar a este planeta y a cada persona que vive en él. Vamos a nuestro interior y conectamos con nuestra Inteligencia Superior, y esta siempre nos guía y dirige para que recibamos lo que más nos conviene para todos los implicados.

Todos estamos sanos y somos felices. Todo está en armonía y fluye con el orden Divino adecuado. Todo está bien. Sabemos que esto es así para todo el mundo.

ELIMINO LA PALABRA
DEBERÍA DE MI VOCABULARIO

La mayoría de personas tenemos ideas absurdas sobre quiénes somos y un sinnúmero de reglas rígidas acerca de cómo deberíamos vivir la vida. Eliminemos de nuestro vocabulario para siempre la palabra *debería*. Es una palabra que nos aprisiona. Cada vez que la usamos, estamos percibiendo erróneamente algo nuestro o de otro. Estamos diciendo, sin duda, que *no valemos lo suficiente*.

¿Qué puedes eliminar ahora de tu lista de *debería*? Reemplaza la palabra *debería* por la de *podría*. *Podría* refleja que tienes una opción, y las opciones equivalen a libertad. Ten en cuenta que todo cuanto haces en la vida lo has elegido tú. No hay nada que *tengas* que hacer ineludiblemente. Siempre tienes una opción.

Todo cuanto necesito saber se me revela en el momento y el lugar perfectos

Sé, sin lugar a dudas, que hay un Poder mucho más grande que yo que fluye a través de mí a cada momento del día, y puedo abrirme a este Poder y recibir lo que necesito, siempre que lo desee. Es así para todo el mundo. Todos estamos aprendiendo que es seguro mirar en nuestro interior. Es seguro ampliar nuestro punto de vista de la vida. Si las cosas no nos van como esperábamos en algún aspecto, no significa que seamos malas personas o que estemos equivocados, sino que es la señal de estar siendo redirigidos por la Guía Divina. Cuando te ocurra esto, busca un lugar silencioso donde puedas relajarte y conectar con la Inteligencia que hay en tu interior. Afirma que la fuente de sabiduría es inagotable y que siempre está a tu disposición. Y que, sea lo que sea lo que necesites saber, te lo revela en el momento y el lugar perfectos.

SIEMPRE ME HABLO CON CARIÑO Y AFECTO

Recuerdo perfectamente la primera conferencia que di. Cuando bajé del estrado, me dije en el acto: «Louise, lo has hecho de maravilla. Has estado fantástica para ser la primera vez. Cuando ya lleves cinco o seis conferencias, serás toda una profesional».

Al cabo de un par de horas, me dije: «Creo que podemos cambiar algunas cosas. Cambiaré esto y aquello otro». Me negué a criticarme en cualquier sentido.

Si nada más bajar del estrado me hubiera criticado diciéndome: «Vaya, has estado fatal. Has cometido este error y aquel otro», la segunda conferencia me habría dado pavor. Pero como no fue así, la segunda incluso me fue mejor que la primera, y al llegar a la sexta ya me sentía como una conferenciante profesional.

Hoy estoy abierto y receptivo a la guía divina

Mi comprensión aumenta constantemente, soy capaz de aprender. Cada día mi conciencia se abre un poco más a la Sabiduría Divina de mi interior. Me alegro de estar vivo y doy las gracias por todo lo bueno que me ofrece la Vida. La Vida es mi maestra. Cada día abro mi mente y mi corazón, y descubro nuevas percepciones interiores, gente nueva, puntos de vista nuevos y formas nuevas de entender lo que está ocurriendo a mi alrededor y dentro de mí. Cuanto más lo entiendo, más se expande mi mundo. Mis nuevas habilidades mentales me están ayudando a sentirme más a gusto con los cambios que tienen lugar en la increíble escuela de la vida del planeta Tierra.

Soy clemente, afectuoso, amable y bondadoso, y sé que la vida me ama

«El perdón me ha enseñado que, por más que deseara que mi pasado hubiera sido distinto, ahora ya es historia», dice Louise. «Gracias al perdón, ahora he podido aprender del pasado, sanar, crecer y responsabilizarme de mi vida.» Lo que realmente marca una diferencia en tu vida no es lo que te ocurrió en el pasado, sino lo que haces con él en el presente. «El presente es tu momento de poder», señala Louise. «Solo puedes crear en el ahora.» El perdón te permite cambiar tu relación con el pasado, por lo que tu relación con el presente y el futuro también cambia.

«El presente es el perdón», se afirma en *Un curso de milagros*. En el momento presente, dejamos de aferrarnos al pasado. En el momento presente, no le tememos a nada. En el momento presente, no sentimos culpabilidad alguna. En el momento presente, el significado del pasado desaparece. En el momento presente, nace un nuevo futuro. El perdón te permite recordar una verdad esencial: *Soy digno de amor.* Gracias al perdón dejas que la vida te ame. El perdón te permite ser una presencia afectuosa para los tuyos.

ES SEGURO PARA MÍ LIBERARME DE MI CRÍTICO INTERIOR Y DECIDIR AMARME

El trabajo con el espejo te ayuda a ser más consciente de tu voz interior y de lo que te dices a ti mismo. Así, podrás liberarte de la necesidad de meterte contigo mismo todo el tiempo. Y cuando lo practiques, advertirás también que ya no criticas tanto a los demás.

Cuando te permites ser tú mismo, dejas automáticamente que los demás sean como son. Al dejar de juzgar a los demás, dejas de desear juzgarte. Todo el mundo se libera.

1. Busca un lugar tranquilo equipado con un espejo, donde te sientas seguro y nadie te moleste.

2. Mírate al espejo. Mírate directamente a los ojos. Si hacerlo aún te resulta incómodo, concéntrate en la boca o en la nariz. Háblale a tu niño interior. El niño interior que llevas dentro desea crecer y progresar, y necesita recibir amor, aceptación y elogios.

3. Repite ahora estas afirmaciones: *Te amo. Te amo y sé que lo estás haciendo lo mejor posible. Eres perfecto tal como eres. Te apruebo.*

4. Tal vez desees hacer este ejercicio varias veces antes de sentir realmente que tu voz interior te critica menos. Haz lo que creas que es correcto para ti.

Confío en que la vida me desea lo mejor

Cuando deseamos superar nuestros miedos, aprendemos a confiar. Es lo que se conoce como un acto de fe. A confiar en el Poder interior que está conectado con la Inteligencia Universal. No olvides que el Poder que te permite respirar es el mismo Poder que creó el Universo. Eres uno con toda la Vida. Cuanto más te amas a ti mismo y más confías en la Vida, más la Vida te ama, te apoya y te guía. En lugar de confiar solo en el mundo físico y material, también puedes confiar en lo invisible. No me estoy refiriendo a que te quedes de brazos cruzados, pero si confías en la Vida, todo te resultará mucho más fácil. Confía en que la Vida se está ocupando de ti, aunque físicamente todo lo que esté ocurriendo a tu alrededor escape a tu control.

ESCUCHO CON AMOR A MI NIÑO INTERIOR

Una de las primeras cosas que le puedes decir a tu niño interior cuando le hables por primera vez es pedirle perdón. Dile que sientes no haber hablado con él todos esos años, o haberlo estado riñendo durante tanto tiempo. Dile que quieres compensarle por todo el tiempo que habéis estado alejados. Pregúntale cómo puedes hacerle feliz. Pregúntale qué es lo que le asusta. Cómo le puedes ayudar y qué es lo que desea de ti.

Empieza haciéndole preguntas sencillas, así te responderá. *¿Qué puedo hacer para que seas feliz? ¿Qué te gustaría hacer hoy?* Por ejemplo, puedes decirle: «Yo quiero salir a correr, ¿qué es lo que te apetece a ti hacer?» Quizá te responda: «Ir a la playa». Significa que habéis empezado a comunicaros. Sé constante en ello. Si puedes reservarte algunos momentos al día para conectar con el niño interior que llevas dentro, tu vida mejorará notablemente.

El perdón me lleva al amor

Afirmaciones para perdonar

La puerta de mi corazón se abre hacia dentro.
La cruzo, el perdón me lleva al amor.
A medida que mis pensamientos cambian, el mundo de mi alrededor cambia.
El pasado ya se ha ido, ahora no tiene poder alguno sobre mí.
Los pensamientos presentes crean mi futuro.
No es agradable ser una víctima. Me niego a sentirme
desvalido nunca más. Reivindico mi poder.
Me hago el regalo de liberarme del
pasado y vivir con alegría el ahora.
No hay ningún problema, por grande
o pequeño que sea, que no pueda resolverse con amor.
Estoy listo para sanar, estoy
dispuesto a perdonar, y todo está bien.
Sé que los antiguos patrones negativos
ya no me limitan. Los abandono fácilmente.
A medida que me perdono, me es más fácil perdonar a los demás.
Me perdono por no ser perfecto.
Vivo de la mejor forma que sé.
Ahora es seguro para mí liberarme de
los traumas de la niñez y sentir amor.
Perdono a cualquier persona del pasado por
lo que percibí como ofensas. Las dejo ir con amor.
Todos los cambios de la vida que me esperan
son positivos, y estoy a salvo.

Estoy dispuesto a empezar donde estoy ahora

En la infinitud de la vida en la que estoy,
todo es perfecto, pleno y completo.
El pasado no tiene poder alguno sobre mí
porque estoy dispuesto a aprender y cambiar.
Veo que el pasado ha sido necesario
para llevarme a donde hoy estoy.
Estoy dispuesto a empezar donde estoy ahora
a limpiar las habitaciones de mi hogar mental.
Sé que no importa por dónde empiece, así que ahora
comenzaré por las habitaciones más pequeñas y fáciles,
y de este modo veré los resultados rápidamente.
Me entusiasma emprender esta aventura,
pues sé que nunca más volveré
a vivir esta experiencia en particular.
Estoy deseando ser libre.
Todo está bien en mi mundo.

Deseo dejar que la vida me ame hoy

«*La Vida te ama* es una afirmación maravillosa», observó Robert Holden, «pero es mucho más que una afirmación.»

Louise esbozó una sonrisa de complicidad.

«Eso espero», repuso. «*La Vida te ama* nos ofrece una filosofía básica para vivir. Estas cuatro palabras son una indicación que nos guía hacia la esencia de la creación, hacia el vínculo que mantenemos unos con otros y hacia nuestra naturaleza verdadera. *La Vida te ama* nos muestra quiénes somos y cómo llevar una vida realmente feliz.»

«¿Qué significa para ti *La Vida te ama*, Louise?», le preguntó Robert.

«La Vida nos ama a *todos*. No solo nos ama a ti o a mi», contestó ella.

«O sea que todos estamos incluidos», concluyó él.

«La Vida nos ama a todos», repitió Louise.

«El amor debe incluirnos a todos, de lo contrario no sería amor.»

«Sí, y nadie es más especial que otra persona.»

«Todos somos iguales a los ojos del amor.»

«Sí, y nadie se queda fuera.»

«¡No hay excepciones despiadadas!»

CREO UN AMBIENTE AFECTUOSO A MI ALREDEDOR

Las enfermedades estan relacionadas con resistirnos al fluir de la Vida en algunos aspectos, y con ser incapaces de perdonar. Me perdono a mí mismo por no haber tratado bien a mi cuerpo en el pasado. Ahora me cuido lo bastante como para alimentarme con lo mejor que la Vida me ofrece. Se trata de mi cuerpo y mi mente, y yo soy el que me ocupo de ellos. Ayudo a mi cuerpo, mi mente y mi alma a vivir saludablemente al crear un ambiente afectuoso a mi alrededor. Elijo ahora tener pensamientos armoniosos y afectuosos que crean un ambiente interior de armonía para las células de mi cuerpo. Me encanta cada parte de mi cuerpo. ¡La vida es buena, y disfruto viviéndola!

Soy un amigo bueno y afectuoso para mí mismo

Soy uno con la Vida, y toda la Vida me ama y me apoya. De modo que reivindico mi bienestar emocional en todo momento. Soy mi mejor amigo y disfruto viviendo conmigo mismo. Las experiencias llegan y se van, y la gente también, pero yo estoy siempre a mi lado. Yo no soy mis padres, ni tampoco he adquirido sus patrones de insatisfacción emocional. Elijo tener solo pensamientos serenos, dichosos y optimistas. Soy una persona única y me muevo por la vida sintiéndome cómodo, seguro y sereno. Esta es la verdad sobre mi ser y así la acepto. En mi corazón y en mi mente todo está bien.

Mis ingresos no cesan de aumentar

Dejo que mis ingresos aumenten constantemente, sea lo que sea lo que la prensa y los economistas digan. Supero mis ingresos actuales, los pronósticos económicos. No presto oídos a los que me dicen lo lejos que puedo llegar o lo que puedo hacer. Supero sin ningún problema el nivel de ingresos de mis padres. Mi conocimiento de la economía no cesa de aumentar y se me ocurren ideas nuevas, nuevas maneras de vivir de forma profunda, rica, confortable y maravillosa. Mis talentos y capacidades son excelentes, y para mí es un gran placer compartirlos con el mundo. Trasciendo cualquier sentimiento de no merecérmelo y acepto un nuevo nivel de seguridad económica.

Esta situación solo me traerá cosas positivas

Cuando nos sentimos agobiados, lo mejor es dejar de fijarnos en lo negativo. Si no vemos más que limitaciones, no se nos ocurrirá nunca una buena solución. Respira hondo. Deja que los hombros, la cara y el cuero cabelludo se relajen. Deja la situación en manos del Universo. Repítete: *Todo está bien. Todo me está ocurriendo por mi mayor bien. Esta situación solo me traerá cosas positivas. ¡Estamos a salvo!*

Fíjate ahora en lo que podría ser la solución perfecta. ¿Cuál sería el escenario ideal? Escribe tus objetivos en una hoja de papel. Retén esta visión. Repite constantemente afirmaciones positivas. A continuación, relájate y deja que el Universo se ocupe de cómo se manifestarán.

Sé que hoy va a ser un día estupendo

Nada más despertar, antes de abrir los ojos, lo primero que pienso es en agradecer todo cuanto se me ocurre. Después de ducharme, medito durante media hora más o menos y recito mis afirmaciones y mis oraciones. Luego, tras hacer ejercicio durante 15 minutos, normalmente sobre la cama elástica, sigo el programa de aeróbic que dan por la tele a las 6 de la mañana.

A continuación me dispongo a desayunar. Le doy las gracias a la Madre Tierra por proporcionarme estos alimentos, y también se las doy a la comida por ofrecerme su vida para nutrirme. Antes de almorzar, me gusta repetir en voz alta algunas afirmaciones ante un espejo. A veces, incluso repito cantando afirmaciones como:

Louise, eres maravillosa y te quiero.
Este es uno de los mejores días de tu vida.
Todo te está ocurriendo por tu mayor bien.
Todo cuanto necesitas saber se te revelará.
Te llegará todo cuanto necesites.
Todo está bien.

Hago todo lo posible para crear un mundo afectuoso y armonioso

Ninguna alma ha sufrido jamás daño alguno y, por lo tanto, no necesita redención. Es nuestra personalidad la que necesita que le recuerden que somos seres espirituales viviendo una experiencia humana, y no al revés.

A medida que crecemos espiritualmente, vemos la perfección de toda la Vida. El Universo está aguardando en sonriente quietud a que aprendamos que amar incondicionalmente es la mejor forma de vivir y que esto nos dará una paz, un poder y una opulencia que jamás nos podríamos llegar a imaginar. Afirma: *Hago todo lo posible para crear un mundo afectuoso y armonioso.*

Soy digno de amor y la Vida me ama

Haz esta meditación sentado ante un espejo. Ponte las manos sobre el corazón. Respira hondo. Contémplate con los ojos del amor. Y háblate afectuosamente.

Soy digno de amor y la Vida me ama.
Me perdono por todas las veces
que he temido no ser digno de amor.
Soy digno de amor y la Vida me ama.

Me perdono por juzgarme y
por no creer en mi bondad.
Soy digno de amor y la Vida me ama.

Me perdono por creer que no valgo nada
y que no soy merecedor de amor.
Soy digno de amor y la Vida me ama.
Me perdono por todas las veces
en las que me he criticado y atacado.
Soy digno de amor y la Vida me ama.

Me perdono por mis errores.
Pido que me perdonen para que pueda aprender.
Acepto el perdón para poder crecer.
Soy digno de amor y la Vida me ama.

ABRO MI CORAZÓN Y DEJO
QUE EL AMOR DISIPE EL MIEDO

En cualquier momento tengo la oportunidad de elegir sentir amor o miedo. En los momentos de miedo, recuerdo el sol. Siempre está brillando en el firmamento, aunque las nubes lo tapen durante un tiempo. Al igual que el sol, el Poder Único Infinito siempre me está ofreciendo su Luz, aunque las nubes de los pensamientos negativos la tapen temporalmente. Elijo recordar la Luz. Me siento seguro bajo la Luz. Y cuando me asaltan los miedos, elijo verlos como nubes deslizándose por el cielo y dejo que se vayan. Yo no soy mis miedos. Es seguro para mí vivir sin protegerme y defenderme todo el tiempo. Cuando tengo miedo, abro mi corazón y dejo que el amor lo disipe.

Cuando una puerta se cierra, otra se abre

La Vida es una serie de puertas cerrándose y abriéndose. Vamos de una habitación a otra viviendo distintas experiencias. A muchas personas les gustaría cerrar algunas puertas de viejos patrones negativos, de antiguos bloqueos y de cosas que ya no les sustentan ni les son útiles. Muchas están abriendo nuevas puertas y descubriendo experiencias nuevas y maravillosas; en algunas ocasiones, experiencias de aprendizaje, y en otras, gozosas.

Forma parte de la Vida y debemos ser conscientes de que siempre estamos seguros. No son más que cambios. Desde la primera puerta que abrimos al llegar a este planeta hasta la última en la que lo abandonamos, siempre estamos seguros. No son sino cambios. Nos sentimos en paz con nosotros mismos. Estamos seguros y a salvo, y somos amados.

Expreso todos mis sentimientos de forma sincera y positiva

La ira es una emoción natural y normal. Los bebés tienen berrinches, expresan su enojo y luego se les pasa. Muchas personas han aprendido que no es agradable, respetuoso o aceptable enfadarse. Aprenden a tragarse sus sentimientos de ira. Se les van acumulando en el cuerpo, en las articulaciones y en los músculos, hasta trocarse en resentimiento. Una capa tras otra de ira contenida transformada en resentimiento puede contribuir a enfermedades como la artritis, achaques y dolores de distinta índole, e incluso al cáncer.

Tenemos que ser conscientes de nuestras emociones, incluida la ira, y encontrar formas positivas de expresar esos sentimientos. No es necesario que peguemos a nadie ni que descarguemos nuestro enojo sobre esa persona; simplemente, podemos expresarle con claridad lo que sentimos: «Esto me ha hecho enojar», o «Me he enfadado por lo que hiciste». Si no es adecuado decirlo, aún nos quedan muchas otras opciones: podemos gritar con la boca pegada a un cojín, golpear un saco de boxeo, correr, chillar dentro de un coche con las ventanillas cerradas, jugar al tenis o hacer cualquier otra cosa. Son formas saludables de desahogarnos.

Estoy deseando aprender lo que la vida intenta enseñarme

Agradece lo que te enseña la Vida. No intentes huir de sus lecciones, son pequeños tesoros que te ofrece. A medida que vayas aprendiendo de ellas, tu vida cambiará para mejor.

Yo ahora me alegro cuando veo otro aspecto de mi lado oscuro. Sé que significa que estoy lista para desprenderme de algo que ha estado siendo un obstáculo en mi vida. Digo: «Gracias por mostrármelo, así podré sanar y seguir avanzando». Tanto si la lección es un «problema» que ha surgido como una oportunidad para ver un antiguo patrón negativo, ¡alégrate!, significa que ha llegado el momento de deshacerte de él.

Me libero de todas las dudas y miedos destructivos

El miedo es una limitación de la mente. Nos da miedo enfermar, ser un sintecho o cualquier otra cosa. La cólera es miedo convertido en mecanismo de defensa. Nos protege y, sin embargo, sería mucho más poderoso dejar de recrear en nuestra mente situaciones espantosas y amarnos cuando tenemos miedo. Somos el centro de todo cuanto ocurre en nuestra vida. Cada experiencia, cada relación, es el espejo que nos refleja un patrón mental que albergamos en nuestro interior.

Afirmaciones para liberarnos de los miedos

Estoy dispuesto a liberarme de mis miedos.
Vivo y me muevo en un mundo seguro en el que estoy a salvo.
Me libero de todas las dudas y miedos destructivos.
Me acepto y creo paz en mi mente y en mi corazón.
Trasciendo los pensamientos que
intentan enojarme o asustarme.
Dejo atrás el pasado fácilmente y confío en el proceso de la vida.
Estoy dispuesto a dejar de creer que necesito protección.
Estoy ahora dispuesto a ver solo mi grandeza.
Tengo el poder de hacer cambios.
Lo Divino siempre me protege.

ME DISPONGO A RECIBIR ALEGREMENTE LAS EXPERIENCIAS MARAVILLOSAS DE LA VIDA

Para sentirnos plenos, debemos aceptar todas las partes de nuestro ser. Abre tu corazón y haz espacio de sobras para todas las partes de tu ser: tanto aquellas de las que te enorgulleces y que amas, como las que te producen bochorno o rechazo. Forman parte de ti. Eres una persona maravillosa. Todos lo somos. Cuando tu corazón está lleno de amor por ti, también tienes para compartirlo con los demás a manos llenas.

Deja que este amor llene la habitación y se propague a todas las personas que conoces. Visualiza a los tuyos en medio de la habitación, para que puedan recibir el amor que desborda de tu corazón.

Visualiza ahora al niño interior de cada persona bailando como hacen los críos, saltando, gritando, haciendo piruetas y volteretas laterales, lleno de alegría, expresando lo mejor de ese niño interior. Y deja que el tuyo vaya a jugar con el de los demás. Deja que baile. Deja que se sienta libre y seguro. Deja que sea todo lo que ha querido ser.

Eres perfecto, pleno y completo, y todo está bien en tu mundo maravilloso. Y así es.

MI VIDA NO HA HECHO MÁS QUE EMPEZAR, ¡Y ME ENCANTA!

«¿Qué es exactamente una afirmación?», preguntó Robert Holden.

«Una afirmación es un nuevo comienzo», respondió Louise.

Louise transformó su vida mediante afirmaciones. «Aprendí que cada pensamiento que tenemos y cada palabra que decimos es una afirmación», señaló. «Afirman aquello que consideramos cierto y, por lo tanto, cómo experimentamos nuestra vida.» Una queja es una afirmación. Un agradecimiento es una afirmación. Cada pensamiento y cada palabra afirman algo. Las decisiones y las acciones también son afirmaciones. La ropa que decidimos ponernos, la comida que decidimos tomar y el ejercicio que decidimos hacer, o no, están afirmando nuestra vida.

En cuanto repetimos afirmaciones, dejamos el papel de víctima. Ya no nos sentimos desvalidos. Estamos reconociendo nuestro poder. Las afirmaciones nos despiertan del sueño de la inconsciencia diaria. Nos ayudan a elegir nuestros pensamientos. A abandonar las antiguas creencias limitadoras. A estar más presentes. A sanar nuestro futuro. «Lo que afirmas hoy establece una nueva experiencia mañana», añadió Louise.

Perdono todo lo que he percibido como ofensas y abandono mi resentimiento con amor

Muchas personas guardan rencores durante años y años. Creen que tienen todo el derecho del mundo a estar resentidas por lo que les hicieron. Pero yo lo llamo estar atrapado en la prisión del resentimiento farisaico. Se saldrán con la suya en cuanto a llevar razón, pero nunca podrán ser felices.

Puedo oírte decir: «¡Pero no te imaginas lo que me hicieron, no tiene perdón!» No querer perdonar es terrible para uno. La amargura es como tragarte una cucharadita de veneno cada día. Se va acumulando en el interior y te hace daño. Si sigues aferrado al pasado, no podrás estar sano y ser libre.

El incidente ya pasó. Tal vez hace ya mucho tiempo. Déjalo atrás. Sé libre. Sal de la prisión y recibe la luz de la vida. Si el incidente todavía dura, pregúntate por qué te tienes por tan poca cosa que sigues aguantando la situación. ¿Por qué no la resuelves? No pierdas el tiempo intentando «castigar» al otro. No funciona. La vida nos devuelve aquello que damos. Olvídate del pasado y procura amarte ahora. Así tendrás un futuro maravilloso.

AMARME ES MI VARITA MÁGICA

Cada día me resulta más fácil mirarme a *los ojos* en el espejo y decir: «Te amo tal como eres». Mi vida va mejorando por sí sola. Antes intentaba arreglarlo todo. «Arreglaré lo de mis relaciones. Arreglaré lo de mi cuenta bancaria. Arreglaré los problemas con mi jefe, mi salud y mi creatividad», me decía. Pero de pronto un día descubrí mi varita mágica. Si era capaz de amarme, de amar de veras todas las partes de mi ser, ocurrían unos milagros increíbles en mi vida. Mis problemas empezaron a desaparecer, ya no había nada que arreglar. Había dejado de intentar resolver mis problemas. Así que ahora me amo y confío en que el Universo me proporcionará todo cuanto necesito y deseo.

Sé que nunca perderé a nadie y que yo tampoco me perderé en el vacío

Cómo afrontar la muerte y el duelo

Estoy en paz con el proceso de la muerte y el duelo. Me ofrezco un tiempo y un espacio para afrontar este proceso natural y normal de la vida. Soy bueno conmigo mismo, me permito vivir el duelo a mi propio ritmo. Sé que nunca perderé a nadie y que yo tampoco me perderé en el vacío. En un abrir y cerrar de ojos, volveré de nuevo a conectar con esa alma. Todo perece. Los árboles, los animales, los pájaros, los ríos e incluso las estrellas nacen y mueren. Y a mí también me pasará lo mismo. Y le ocurrirá a todo cuanto existe en el momento y el lugar perfectos.

Abro nuevas puertas de la vida

Desde el día en que nacemos hemos estado cruzando puertas. Esa en particular fue una gran puerta y un cambio muy importante, y desde entonces hemos estado pasando por muchas otras.

Venimos a esta vida equipados con todo lo necesario para vivir con plenitud y opulencia. Tenemos toda la sabiduría *y el conocimiento* necesarios. Todas las capacidades y los talentos necesarios. Gozamos de todo el amor necesario. La labor de la vida es apoyarnos y cuidar de nosotros. Tenemos que ser conscientes de ello y confiar en que es así.

Constantemente se están abriendo y cerrando puertas, y si permanecemos centrados en nosotros mismos, siempre nos sentiremos seguros, sea cual sea la puerta que crucemos. Incluso cuando pasamos la última puerta en este planeta no es el final, sino tan solo el principio de una aventura más. Confía en que está bien *experimentar* cambios.

Hoy es un nuevo día. Vivirás muchas experiencias nuevas y maravillosas. La Vida te quiere. Estás a salvo.

EL UNIVERSO ME DICE «SÍ»

Recibir es un grandísimo «sí». «El Universo te dice "sí"», afirmaba Louise. «Quiere que experimentes lo mejor para ti. Cuando le pides que te dé lo mejor para ti, el Universo no te responde: "Me lo pensaré", sino que te dice "sí". Siempre está diciendo sí a lo que más nos conviene.» Y tú también tienes que decirle «sí». El secreto para recibir está en el deseo o en la disposición a hacerlo. Cuando afirmas: «Estoy listo para recibir lo que más me conviene en esta situación», tu percepción y tus circunstancias cambian.

Recibir te ayuda a estar presente en la vida. Te ayuda a estar donde estás, a inhalar a fondo y a aceptar todo cuanto está aquí para ti. «A menudo lo que falta en una situación no es más que nuestra capacidad para recibir», señalaba Louise. «El Universo siempre nos está ofreciendo cosas, pero tenemos que estar abiertos y receptivos para verlo.» La disposición para recibir hace que estés abierto por dentro y te lleva más allá de tus teorías de lo que crees merecerte y lo que piensas que es posible. Recibir te ayuda a fijarte en lo que ya está aquí para ti.

Inspiro la plenitud
y la riqueza de la vida

Estás destinado a ser una expresión maravillosa y amorosa de la Vida. La Vida está esperando a que te abras a ella, a que te sientas merecedor de lo que tiene para ofrecerte. La sabiduría y la inteligencia del Universo están a tu disposición. La vida está para apoyarte. Confía en que el Poder que hay en ti estará siempre a tu lado.

Cuando te asustes, si te concentras en tu respiración, en el aire entrando y saliendo de tu cuerpo, te ayudará a calmarte. Has recibido la respiración, la esencia más valiosa de tu vida, a cambio de nada. Tienes la suficiente como para que te llegue hasta el último día de tu vida. Aceptas esta sustancia tan valiosa sin pensarlo siquiera y, sin embargo, dudas de que la vida te proporcione todo lo demás que necesitas. Ha llegado el momento de ser consciente de tu poder y de lo que eres capaz de hacer. Ve a tu interior y descubre quién eres.

ME AMO PERFECTAMENTE TAL COMO SOY

No es necesario que seamos unos «padres perfectos». Si somos unos padres afectuosos, nuestros hijos tendrán la excelente oportunidad de convertirse en la clase de personas que nos gustaría tener como amigos. Serán individuos que se sentirán llenos y exitosos. La plenitud interior da paz interior. Creo que lo mejor que podemos hacer para nuestros hijos es aprender a querernos a nosotros mismos, ya que los hijos siempre aprenden del ejemplo que les damos. Así, tanto nuestros hijos como nosotros gozaremos de una vida mejor.

IRRADIO ÉXITO Y PROGRESO
DONDEQUIERA QUE VAYA

Abandona la lucha mental que mantienes en tu interior. Empieza a partir de hoy a disfrutar totalmente de tu vida tal como es ahora. Agradece y aprecia tus talentos creativos. Al Universo le encanta la gratitud. Alégrate del éxito ajeno. Haz que todo cuanto realizas sea divertido y creativo. Ámate a ti mismo y ama tu vida. Ahora estás pasando al siguiente nivel. Todo está bien. Afirma: *Irradio éxito y progreso dondequiera que vaya.*

Deseo aprender cosas nuevas cada día

Si notas que te resistes a los cambios, mírate al espejo y afirma:

No es más que un pensamiento, y los pensamientos se pueden cambiar.
Estoy abierto a los cambios.
Estoy dispuesto a cambiar.
Recibo lo nuevo con los brazos abiertos.
Deseo aprender cosas nuevas a diario.
Cada problema tiene una solución.
Todas las experiencias son oportunidades para aprender y crecer.
Estoy a salvo.

CADA PENSAMIENTO QUE
TENGO ESTÁ CREANDO MI FUTURO

En su conferencia *La totalidad de las posibilidades*, Louise dijo: «Me he pasado la vida viendo la verdad en la gente. Veo la verdad absoluta de su ser. Sé que llevan dentro la salud de Dios y que esta se expresa a través de ellos». Louise no se estaba refiriendo al pensamiento positivo. En realidad, no consideraba que los pensamientos sean positivos o negativos. Los pensamientos son siempre neutros. Es nuestra forma de manejarlos lo que los convierte en positivos o negativos.

«¿Cómo podemos cambiar nuestra mente?», le preguntó Robert Holden a Louise.

«Tienes que relacionarte con ella de otro modo», le contestó ella.

«¿Y cómo se hace esto?»

«Recordando que tú eres el pensador de tus pensamientos.»

«Es decir, somos los pensadores, y no nuestros pensamientos», señaló él.

«El poder está en el pensador, no en los pensamientos», confirmó ella.

¡MI VIDA ES PLENA Y COMPLETA, Y ESTOY PREPARADO PARA NUEVAS AVENTURAS!

Cada momento de tu vida es perfecto, pleno y completo. Con Dios nada queda nunca inconcluso. Eres uno con el Poder Infinito, la Sabiduría Infinita, la Acción Infinita y la Unidad Infinita. Te despiertas sintiéndote realizado, sabiendo que terminarás lo que hoy lleves a cabo. Cada respiración es completa y plena de por sí. Cada escena de tu vida es completa en sí misma. Cada palabra que dices es plena y completa. Ejecutas hasta el final para tu satisfacción cada tarea que emprendes, o cada parte de la que se compone. No estás luchando solo en la jungla de la vida. Abandonas los conceptos de lucha y resistencia.

Aceptas la ayuda de tus numerosos amigos invisibles que siempre están listos para dirigirte y guiarte si dejas que te ayuden. Todo cuanto hay en tu vida se resuelve fácilmente, sin esfuerzo alguno. Las llamadas telefónicas se realizan en el momento oportuno. Las cartas son recibidas y contestadas. Los proyectos se concluyen con éxito. Los demás colaboran. Todo se hace en el momento justo siguiendo un orden Divino perfecto y adecuado. Todo es llevado a cabo y te sientes bien. Este es el día de la consumación. Afirma que así es.

Estamos aquí para amarnos a nosotros mismos y para amarnos los unos a los otros

Somos los únicos que podemos salvar el mundo. Cuando nos unimos para una causa común, descubrimos las respuestas. Debemos siempre recordar que hay una parte de nuestro ser que es mucho más que nuestro cuerpo, mucho más que nuestra personalidad, mucho más que nuestras enfermedades y mucho más que nuestro pasado. Hay una parte de nosotros que es mucho más que nuestras relaciones. Nuestra esencia es puro Espíritu, es eterna. Siempre lo ha sido y siempre lo será. Estamos aquí para amarnos a nosotros mismos y amarnos los unos a los otros. De esta manera descubriremos las respuestas para sanarnos y sanar el planeta.

Estamos viviendo una época extraordinaria. Se están dando toda clase de cambios. Puede que ni siquiera conozcamos la profundidad de los problemas. Sin embargo, estamos intentando mantenernos a flote lo mejor posible. Esta situación también acabará pasando y encontraremos las soluciones. Conectamos a nivel espiritual, y al nivel del Espíritu todos somos uno. Somos libres. Y así es.

SIEMPRE SOY LIBRE DE ELEGIR MIS PENSAMIENTOS

Ninguna persona, lugar o cosa tiene poder alguno sobre mí a no ser que se lo dé, ya que soy el único pensador en mi mente. Tengo la gran libertad de poder elegir lo que pienso. Puedo elegir ver la vida de forma positiva en lugar de quejarme o de estar enojado conmigo mismo o con los demás. Quejarme de lo que no tengo es una manera de manejar una situación, pero no cambia nada. Cuando me amo a mí mismo y me descubro en medio de una situación negativa, puedo decirme algo como: «Estoy dispuesto a abandonar el patrón de mi mente que ha contribuido a esta situación».

Todos hemos tomado decisiones negativas en el pasado. Aunque esto no significa que seamos malas personas, ni que nos hayamos quedado atrapados en esas decisiones. Siempre podemos elegir dejar atrás esos antiguos juicios de valor.

Honro a mi niño interior al acordarme de juguetear y divertirme

Para que un niño crezca y progrese, necesita recibir amor, aceptación y halagos. Pueden enseñarnos a hacer «mejor» las cosas sin necesidad de decirnos que lo hemos hecho «fatal». Nuestro niño interior necesita sentir que le amamos y le aprobamos.

Puedes decirle a tu niño interior las siguientes frases positivas:

Te amo y sé que lo estás haciendo lo mejor posible.
Eres perfecto tal como eres.
Cada día que pasa eres más maravilloso.
Te apruebo.
Veamos si encontramos una mejor forma de hacer esto.
Crecer y cambiar es divertido, y podemos hacerlo juntos.

SIEMPRE SERÉ PERFECTO, PLENO Y COMPLETO

En la infinitud de la vida en la que estoy,
todo es perfecto, pleno y completo.
Ya no elijo creer en mis antiguas limitaciones y carencias.
Decido ahora verme como me ve
el Universo: perfecto, pleno y completo.
La verdad de mi Ser es que fui
creado perfecto, pleno y completo.
Elijo ahora vivir la vida con este conocimiento.
Me encuentro en el lugar adecuado, en el momento oportuno,
realizando lo correcto.
Todo está bien en mi mundo.

Deseo que la vida me ame hoy

Deja este libro por un momento y repite 10 veces la afirmación: *La Vida te ama*. Después, mírate al espejo y repite la siguiente afirmación: *Deseo que la Vida me ame hoy*. Fíjate en tus reacciones. Y acuérdate de respirar. Repite esta afirmación hasta sentir sensaciones agradables en tu cuerpo, sentimientos afectuosos en tu corazón y comentarios felices en tus pensamientos. El secreto está en desearlo. Si estás dispuesto a ello, todo es posible.

«Animo a los demás a ser muy bondadosos consigo mismos cuando hacen esta práctica», dijo Louise. «Sé que el trabajo con el espejo al principio puede costarnos una barbaridad. Nos revela nuestro miedo más básico y los juicios más terribles que hacemos sobre nosotros mismos. Pero, si seguimos mirándonos al espejo, empezaremos a dejarlos atrás y a ver quiénes somos de verdad. Nuestra actitud ante el trabajo con el espejo es la clave del éxito. Es importante que nos lo tomemos con una actitud alegre y juguetona. Si lo preferimos, podemos llamarlo en su lugar el *juego* del espejo.»

TENGO EL PODER PARA CAMBIAR MI VIDA

Recuerda que, sea cual sea la situación en la que te encuentres, han sido tus pensamientos los que te han llevado a ella. Las personas que te rodean solo reflejan lo que crees merecerte.

Los pensamientos se pueden cambiar. Al igual que las situaciones. Ese jefe que nos parece insoportable podría convertirse en nuestro campeón. El callejón sin salida de un trabajo sin ningún futuro podría abrirse en una nueva carrera profesional llena de posibilidades. El compañero de trabajo tan molesto podría convertirse, aunque no acabe siendo nuestro amigo, en alguien con el que nos resulte más fácil convivir. El salario que nos parece insuficiente podría aumentar en un abrir y cerrar de ojos. Nos podría salir un trabajo nuevo estupendo.

Si somos capaces de cambiar nuestros pensamientos, aparecen una infinidad de posibilidades. Abrámonos a ellas. Aceptemos que la abundancia y la plenitud pueden llegarnos de cualquier parte. Al principio tal vez el cambio sea pequeño, como una nueva tarea asignada por tu jefe en la que puedes demostrar tu inteligencia y creatividad. Quizá dejes de tratar a un compañero de trabajo como si fuera tu enemigo y, a resultas de ello, él se vuelva mucho más tratable. Sea cual sea el cambio, acéptalo y disfrútalo. No estás solo. Tú eres el cambio. ¡El Poder que te creó te ha dado el poder para crear tus propias vivencias!

Estoy dispuesto a cambiar y crecer

Las relaciones son espejos en las que nos vemos reflejados. Aquello que atraemos siempre refleja nuestras cualidades o nuestras creencias sobre las relaciones. Esto es así tanto si se trata de un jefe como de un compañero de trabajo, un empleado, un amigo, un amante, un cónyuge o un hijo. Lo que nos desagrada de ellos es precisamente lo que nosotros hacemos o dejamos de hacer, o aquello que creemos. No atraeríamos a esas personas ni estarían presentes en nuestra vida si su forma de ser no complementara de algún modo la nuestra.

Ejercicio: nosotros frente a los demás

Piensa un momento en alguien que forma parte de tu vida que te esté irritando. Describe tres cosas sobre esa persona que te molesten y que te gustaría que cambiara.

Mira ahora profundamente en tu interior y pregúntate: «¿Cuándo me comporto yo así en la vida, y cuándo hago lo mismo que ella?»

Cierra los ojos y dedica un tiempo a reflexionar sobre ello.

Después, pregúntate si estás *dispuesto a cambiar*. Cuando eliminas esos patrones, hábitos y creencias de tu forma de pensar y actuar, la otra persona o bien cambia, o bien desaparece de tu vida.

Elimino la palabra *debería* de mi vocabulario y me libero

Como he señalado en numerosas ocasiones, creo que la palabra *debería* es una de las más perjudiciales de cualquier idioma. Cada vez que la usamos estamos, en efecto, afirmando *estar* equivocados, o que lo *estuvimos,* o que lo *estaremos.* Me gustaría que eliminaras para siempre la palabra *debería* de tu vocabulario y que la reemplazarás por *podría.* Esta palabra te da una opción y te indica que nunca te equivocas.

Piensa en cinco cosas que «deberías» hacer. Reemplaza los *debería* por *podría.*

Pregúntate ahora: «¿Por qué no lo he hecho?» Tal vez descubras que te has estado machacando durante años por algo que en realidad nunca quisiste hacer, o por algo que nunca fue idea tuya. ¿Cuántos «debería» puedes eliminar de tu lista?

Mi cuerpo es un buen amigo del que cuido amorosamente

Louise afirma: «Cuando cocino, siempre le doy las gracias a mi cocina por funcionar bien». Cuando *estés* en la cocina, acostúmbrate a darle las gracias a los electrodomésticos y los utensilios que hay en ella. Dales las gracias al lavaplatos, la batidora, la tetera, la nevera y a todos los otros utensilios que usas, y repite estas afirmaciones:

Hola, cocina, eres el lugar
sobre el que gira mi alimentación. ¡Te aprecio!
Tú y los utensilios que contienes me ayudáis enormemente
a preparar sin esfuerzo platos deliciosos y nutritivos.
Mi nevera está llena de
alimentos nutritivos y saludables.
Preparo cómodamente comidas deliciosas y nutritivas.
Me ayudas a estar alegre.
Te quiero.

ALIMENTO MI CUERPO
CON COMIDA QUE LE AMA

Todo se reduce a pensamientos y alimentos. Una buena nutrición le va de maravilla al cerebro. Si empiezas a cambiar de dieta, te será más fácil cambiar tus pensamientos por otros más positivos y tomar mejores decisiones en tu vida.

Empieza repitiendo esta afirmación: *Como me amo, me alimento afectuosamente con comida y bebidas nutritivas, y mi cuerpo responde con afecto manifestando una salud y una vitalidad excelentes.*

ESTOY DISPUESTO A AMAR
Y ACEPTAR A MI NIÑO INTERIOR

Tengas la edad que tengas, llevas dentro a un niño al que tienes que amar y aceptar. Si eres una mujer, por más autosuficiente que seas, llevas dentro a una niña muy tierna que necesita ayuda. Si eres un hombre, por más seguro que te sientas, llevas dentro a un niño que está anhelando recibir calor humano y afecto.

Cada vez que te sientas asustado, sé consciente de que es tu niño interior el que lo está. El adulto no está asustado, pero está desconectado del niño que lleva dentro y no se ocupa de él. Tiene que volver a relacionarse con él.

Lo único que tu niño interior desea es que cobres conciencia, para sentirse seguro y amado. Si te reservas unos momentos al día para conectar con él, tu vida mejorará en gran medida.

Afirma: *Estoy dispuesto a amar y aceptar a mi niño interior.*

Prometo tratarme con afectuosa bondad

Todos tenemos aspectos de nuestra vida que nos parecen inaceptables o indeseables. Si estamos enojados con partes de nuestro ser, a menudo nos maltratamos. Abusamos del alcohol, las drogas o el tabaco, comemos demasiado o nos excedemos en cualquier otro sentido. Nos machacamos. Una de las peores cosas que podemos hacer, que nos perjudica más que nada, es criticarnos a nosotros mismos. Tenemos que dejar de criticarnos. En cuanto nos acostumbremos a ello, también dejaremos de criticar a los demás, un cambio que nos sorprenderá enormemente, porque cualquier persona es como un espejo, y lo que vemos en ella lo estamos viendo en nosotros mismos.

Cuando nos quejamos de alguien, en realidad nos estamos quejando de nosotros mismos. Pero cuando podemos amarnos y aceptarnos de verdad tal como somos, no hay nada de lo que quejarnos. Dejaremos de hacernos daño y de hacérselo a los demás. Prometámonos que dejaremos de criticarnos por cualquier motivo.

RECUERDA DIVERTIRTE HOY

No es necesario que sea una tarea ingrata, lo que estás haciendo puede ser divertido. Todo un juego. Una gozada. ¡De ti depende! Incluso practicar el perdón y desprenderte del resentimiento puede ser agradable si te lo propones. Compón una cancioncilla sobre la persona o la situación que te cuesta dejar ir. Cuando entonas una cancioncilla, lo que haces te resulta más ameno. En las citas privadas con las personas que buscan mi consejo procuro lo antes posible relajar el ambiente con risas. Cuanto antes son capaces de reírse de sus problemas, más fácil les resulta dejarlos atrás.

Si vieras al actor Neil Simon interpretando tus problemas en el escenario, te reirías de ti mismo en la butaca del teatro. Las tragedias y las comedias son lo mismo. ¡Solo depende de tu punto de vista! Vaya, «¡qué tontos pueden ser estos mortales!»

Procura al máximo tomártelo todo con alegría y placer. ¡Pásatelo bien!

¿Cómo puedo ayudar a los demás?

Hay muchas personas que necesitan fijarse metas en la vida —sea a uno o a cinco años vista—, pero yo no he sido nunca una de ellas. No he intentado hacer nada sumamente definido o específico en la vida. Mi pregunta ha sido siempre: ¿qué puedo hacer para ayudar a los demás? Me he hecho esta pregunta miles de veces, y todavía sigo haciéndomela. Cuando veo todas las situaciones difíciles que están ocurriendo en el mundo, me doy cuenta de que quizá no sea capaz de hacer algo en concreto, pero lo que sí *puedo* hacer es formularme la pregunta: *¿Cómo puedo ayudar a los demás?*, y proyectar mi intención de llevarlo a cabo con energía.

Mi meta es amar cada momento *presente*

Sigo mi agenda diaria con amor, tanto si voy al mercado o al despacho como si estoy viajando por el mundo o, simplemente, me quedo en casa. Una de las finalidades de nuestra vida es contribuir a sanar el mundo. Así pues, empecemos a hacerlo sanándonos a nosotros mismos. El centro de nuestro mundo es el lugar donde estamos, dondequiera que sea. Nuestros pensamientos salen de nosotros como las ondas producidas por una piedra lanzada a una laguna. Cuando creamos armonía interior mediante pensamientos armoniosos, esa energía que sale de nosotros se propaga por el mundo y afecta a personas, lugares y cosas. Esas vibraciones se sienten y generan respuestas. Asegurémonos de irradiar armonía y amor.

AGRADEZCO ENORMEMENTE
TODO EL AMOR QUE HAY EN MI VIDA

El amor llega en el momento más inesperado, cuando no lo buscamos. Ir a la caza del amor nunca nos trae la pareja adecuada. Solo crea nostalgia y desdicha. El amor no lo encontraremos fuera, está en nuestro interior.

No insistas en que el amor llegue de inmediato a tu vida. Quizá no estés preparado para él o no seas lo bastante maduro como para atraer el amor que deseas. No te conformes con lo primero que te salga con tal de no estar solo. Establece unos criterios. ¿Qué clase de amor quieres atraer? Enumera tus cualidades, y así atraerás a una persona que las posea. Analiza qué es lo que tal vez está impidiendo que te llegue el amor. ¿Podría ser tu tendencia a criticarte? ¿Creer que no vales nada? ¿Haberte fijado unos criterios poco razonables? ¿Estar buscando un físico despampanante típico de las estrellas de cine? ¿Tener miedo a la intimidad? ¿Creer que no eres merecedor de amor?

Mantente listo para cuando el amor llegue a tu vida. Prepárale el terreno y disponte a regarlo y abonarlo. Si amas, te amarán. Ábrete y mantente receptivo al amor.

Me encanta mi profesión y gano un buen sueldo

Afirmaciones para progresar laboralmente

Me llevo bien con todos mis compañeros de trabajo en un ambiente de respeto mutuo.
Trabajo para personas que me respetan y me pagan bien.
Me encanta el lugar donde trabajo.
Me es fácil encontrar un empleo.
Mi sueldo no cesa de aumentar.
Mi trabajo me llena y satisface.
Siempre tengo jefes maravillosos.
Es un placer ir a trabajar.
Tengo una gran vida laboral.
Aprecio mi profesión.

CADA CÉLULA DE MI CUERPO
TIENE INTELIGENCIA DIVINA

En la infinitud de la vida en la que estoy
todo es perfecto, pleno y completo.
Considero mi cuerpo como un buen amigo.
Cada célula de mi cuerpo tiene Inteligencia Divina.
Escucho lo que me dice y sé que sus consejos son válidos.
Siempre me siento seguro, protegido y guiado por lo Divino.
Elijo estar sano y ser libre.
Todo está bien en mi mundo.

HOY LE PIDO AL AMOR QUE ME ENSEÑE A AMAR

Comunicarme con amor es una de las experiencias más felices y poderosas. ¿Cómo lo consigo? He hecho mucho trabajo conmigo misma para descubrirlo, he leído muchos libros y he llegado a comprender los principios de la vida, como, por ejemplo: «El Universo me responde y me devuelve lo que pienso y digo». De modo que le empecé a pedir ayuda y a observarme. A medida que me daba el espacio para observarme sin juzgarme ni criticarme, empecé a progresar enormemente en cuanto a comunicarme con amor. «¿Qué es lo que creo? ¿Qué es lo que siento? ¿Cómo reacciono? ¿Cómo puedo amar más?», me preguntaba. Y entonces le pedí al Universo: «Enséñame a amar».

Acepto en este momento la curación y la buena salud

Gozar de buena salud es mi derecho Divino. Estoy abierto y receptivo a todas las energías curativas del Universo. Sé que cada célula de mi cuerpo es inteligente y sabe curarse a sí misma. Mi cuerpo siempre está intentando tener una salud perfecta. Me desprendo de cualquier obstáculo que me impida sanar por completo. Adquiero conocimientos sobre nutrición y alimento mi cuerpo con comida saludable. Observo lo que pienso y solo tengo pensamientos saludables. Amo mi cuerpo. Le envío amor a cada órgano, hueso, músculo y parte de mi organismo. Impregno de amor todas las células de mi cuerpo. Agradezco a mi cuerpo la buena salud de la que he gozado en el pasado. Acepto en este momento la curación y la buena salud.

CUANDO CAMBIO MI FORMA
DE PENSAR, MIS PROBLEMAS SE RESUELVEN

Si te dedicas a un trabajo que no te gusta, si quieres que tu situación laboral cambie, si estás teniendo problemas en el trabajo o si estás en el paro, la mejor forma de afrontar el problema es la siguiente:

Empieza agradeciendo la situación en la que estás con amor. Ten presente que que no es más que un peldaño en tu camino. Te encuentras en la situación en la que estás por tus patrones mentales. Si no te están tratando como te gustaría, es por tener un patrón mental que atrae esta clase de conducta. Así que observa mentalmente tu trabajo actual o el último que tuviste y da las gracias con amor por todo cuanto hay en él —el edificio, los ascensores o las escaleras, las habitaciones, el mobiliario y el equipo, las personas con las que trabajas y aquellas para las que trabajas— y cada uno de los clientes.

Empieza a afirmar: *Siempre trabajo para los jefes más maravillosos. Mi jefe siempre me trata con respeto y amabilidad. Mi jefe es generoso y me resulta* fácil *trabajar con él.* Estas afirmaciones se irán cumpliendo a lo largo de tu vida, y si acabas siendo un jefe, también tendrás estas cualidades.

Mi actitud de perdonar atrae nuevas inspiraciones y nuevos inicios

Nunca podrás liberarte de la amargura mientras sigas teniendo pensamientos en los que te niegues a perdonar. ¿Cómo puedes ser feliz en este momento si sigues decidido a estar enojado y resentido? Los pensamientos amargos no pueden traerte alegría. Por más razón que creas tener, sea lo que sea lo que te hayan hecho, si insistes en aferrarte al pasado, nunca serás libre. Perdonarte a ti y perdonar a los demás te liberará de la prisión del pasado.

Cuando te sientes atrapado en una determinada situación o cuando las afirmaciones no te funcionan, ello significa normalmente que tienes que perdonar algo. Cuando no fluyes libremente con la vida en el presente, ello significa que te estás aferrando al pasado. Puede deberse al arrepentimiento, a la tristeza, a las heridas emocionales, al miedo, a la culpabilidad, a los reproches, a la ira, al resentimiento o, a veces, incluso a un deseo de venganza. Cada una de esas emociones viene de un estado de no querer perdonar, de negarte a dejar ir algo y a vivir el momento presente. Solo en el momento presente puedes crear tu futuro.

20 DE MAYO

SIEMPRE ESTOY SEGURO
Y LO DIVINO ME PROTEGE

Soy uno con la Vida, y toda la Vida me ama y me apoya. Por lo tanto, rei-vindico ser objeto de amor y aceptación a todos los niveles. Acepto todas mis emociones y las expreso adecuadamente cuando se da la ocasión. Yo no soy mis padres, ni tampoco estoy apegado a sus patrones de enojarse y de juzgar a los demás. He aprendido a observar mis emociones en lugar de reaccionar a ellas, y ahora la vida es mucho menos agitada. Soy una perso-na única y he dejado de amargarme la vida por tonterías. Mi mente goza de paz. Esta es la verdad sobre mi ser y así la acepto. Todo está bien en mi ser interior.

SOY UNA EXPRESIÓN SINGULAR DE LA UNIDAD ETERNA

Estoy aquí para aprender a amarme y para amar a los demás incondicionalmente. Aunque cada uno tengamos unas características mensurables, como la altura y el peso, soy mucho más que solo mi expresión física. Mi poder se encuentra en mi parte inmensurable. Compararme con los demás me hace sentir superior o inferior, pero nunca aceptable exactamente como soy. ¡Qué pérdida de tiempo y energía! Todos somos seres únicos y maravillosos, cada cual es diferente y especial. Voy a mi interior y conecto con la expresión singular de unidad eterna que soy y que todos somos.

22 DE MAYO

SALUDO A MI NIÑO INTERIOR CON AMOR

Dirígete hacia un espejo. Mírate profundamente a los ojos. Percibe más allá del adulto que ves ante el espejo y saluda al niño que llevas dentro. ¿Qué está intentando decirte?

1. Busca una foto tuya de cuando tenías cinco años. Pega con cinta adhesiva la foto en el espejo del cuarto de baño.
2. Contempla la foto unos minutos. ¿Qué es lo que ves? ¿Ves a un niño feliz? ¿A un niño desgraciado?
3. Háblale a tu niño interior delante del espejo. Puedes contemplar la foto o incluso mirarte a los ojos, haz lo que te resulte más cómodo. Si de niño tenías un apodo, úsalo para hablar con tu niño interior. Sentarte ante el espejo es muy útil porque, si estás de pie, en cuanto empiecen a aflorar sentimientos difíciles dentro de ti sentirás la tentación de salir corriendo del cuarto de baño. Siéntate, agarra una caja de pañuelos de papel y empieza a hablar con tu niño interior.
4. Abre tu corazón y comparte tus sentimientos más íntimos.
5. Cuando hayas acabado, repite estas afirmaciones: *Te amo, cariño. Siempre estaré a tu lado. Estás a salvo.*

EL PERDÓN ME AYUDA
A CREARME UN FUTURO MEJOR

El perdón es un concepto delicado y desconcertante para mucha gente, pero no olvides que perdonar no es lo mismo que aceptar. Perdonar a alguien no significa que consientas su conducta. El acto de perdón tiene lugar en tu mente. No tiene nada que ver con la otra persona. La realidad de un auténtico perdón yace en liberarte del dolor.

Perdonar tampoco significa dejar que otra persona te siga haciendo sufrir con su conducta o sus actos. Adoptar una postura y fijar unos límites saludables es lo mejor que puedes hacer no solo para ti, sino también para el otro.

Sea cual sea la razón para tener sentimientos amargos de negarte a perdonar, puedes superarlos. Tienes una opción. Puedes elegir seguir aferrado al pasado y resentido o hacerte un favor al desear perdonar lo que te hicieron, dejarlo atrás para seguir adelante y crearte una vida dichosa y satisfactoria. Eres libre de llevar la vida que deseas, porque tienes la libertad de elegir.

Elijo mi propio concepto amoroso de Dios

Tengo el poder de ver las cosas como realmente son. Elijo verlas como las ve Dios, con los ojos del amor. Dado que Dios es por naturaleza omnipresente, todopoderoso y omnisciente, sé que todo cuanto existe en el Universo es Amor Divino. El Amor de Dios me rodea, vive en mí, va delante de mí y me allana el camino. Soy un hijo amado del Universo, y el Universo cuida de mí con amor, ahora y siempre. Cuando necesito algo, recurro al Poder que me creó. Le pido lo que necesito y le doy las gracias incluso antes de recibirlo, sé que me llegará en el momento y el lugar perfectos.

CADA ELECCIÓN QUE
HAGO ES PERFECTA PARA MÍ

¿Qué es lo que te hace feliz? ¿Qué es lo que hace que tu corazón cante de alegría? Ve a tu interior y confía en que el proceso de la vida te revelará tu verdadero propósito. Descubrirás que al hacer lo que realmente te apasiona te llega el dinero, el peso corporal se estabiliza y los problemas digestivos desaparecen. Mientras tanto, encuentra algo que realmente te haga feliz y persíguelo. Agradece el camino que has estado siguiendo, sabedor de que ha sido perfecto para ti en ese momento en particular.

Ha llegado el momento de recibir al Universo con los brazos abiertos y de aceptarte afectuosamente mientras abordas este nuevo despliegue del orden Divino en tu vida. Puedes repetir esta afirmación maravillosa: *Confío en el proceso de la Vida. Cada elección que hago es una decisión perfecta para mí. Estoy a salvo, esto no es más que un cambio. Dejo con afecto atrás el pasado y me labro ahora una carrera profesional nueva y maravillosa que me llena enormemente. Y así es.*

AGRADEZCO MI TRABAJO CON AMOR

Recuerdo que le dije a un joven hecho un manojo de nervios por el trabajo nuevo que estaba a punto de empezar: «¿Por qué no ibas a hacerlo bien? *Claro* que triunfarás. Abre tu corazón y deja que tus talentos fluyan de ti. Agradece con amor el edificio, la gente con la que trabajas, los jefes para los que trabajas y a cada uno de los clientes, y todo te irá bien».

Hizo exactamente lo que le indiqué y tuvo un gran éxito.

Si quieres dejar tu trabajo, empieza a afirmar que se lo cedes con amor a la siguiente persona que estará encantada de tenerlo. No olvides que hay gente que está buscando precisamente un trabajo como el que tú les puedes ofrecer, y que incluso en este momento vuestros caminos ya se están cruzando en el tablero de ajedrez de la vida.

AMO MI COCHE

Conducir es una experiencia segura y agradable para mí. Cuido muy bien de mi coche y este se ocupa de maravilla de mí. Está listo para ir adonde yo desee. Tengo el mecánico perfecto, que también ama mi coche. Lleno mi coche de amor siempre que me subo a él, por eso el amor siempre me acompaña en mis viajes. Envío amor a los otros conductores que circulan por la carretera, ya que todos estamos viajando juntos. El amor me lleva la delantera, y me recibe cuando llego a mi destino.

TENGO EL PODER PARA CAMBIAR
MIS PENSAMIENTOS... Y EL MUNDO

Si cada uno practicásemos el conectar con los tesoros de nuestro interior a diario, cambiaríamos literalmente el mundo. Las personas que viven la verdad cambian el mundo. Ya que la verdad de nuestro ser es que estamos llenos de amor incondicional. Estamos llenos de una alegría increíble. Estamos llenos de una paz serena. Estamos conectados con la Sabiduría Infinita. ¡Lo que tenemos que hacer es ser conscientes de ello y vivirlo!

Hoy nos estamos preparando mentalmente para mañana. Los pensamientos que tenemos, las palabras que decimos, las creencias que aceptamos dan forma a nuestros mañanas. Cada mañana me quedo delante del espejo y afirmo:

Estoy llena de amor incondicional, y hoy lo expreso.
Estoy llena de alegría, y hoy la expreso.
Estoy llena de paz, y hoy la comparto.
Estoy llena de Sabiduría Infinita, y hoy la practico.
Y esta es la verdad sobre mí.

ME ENCANTA SER YO MISMO

Me veo a mí mismo siendo uno con la presencia y el poder de Dios. Me veo a mí mismo siendo siempre consciente del poder de Dios que hay en mí como la fuente de todo cuanto deseo. Me veo a mí mismo invocando con confianza la Presencia para que me proporcione todo lo que necesito. Amo sin condiciones todas las expresiones de Dios, conocedor de la verdad de todo cuanto existe. Camino por la vida con la feliz compañía del Dios que hay en mí, y expreso gozosamente la bondad que soy. Mi sabiduría y mi comprensión del Espíritu no cesan de aumentar, y expreso con mayor plenitud cada día la belleza y la fuerza interior de mi verdadero ser.

El orden Divino está siempre presente en mi experiencia, y hay tiempo de sobra para todo cuanto elijo hacer. Expreso sabiduría, comprensión y amor en todas mis relaciones con los demás, y lo Divino guía mis palabras. Me veo a mí mismo expresando la energía creativa del Espíritu en mi trabajo, escribiendo y pronunciando palabras de verdad sin esfuerzo alguno, y con una gran comprensión y sabiduría. Expreso con alegría las ideas amenas e inspiradoras que fluyen a través de mi conciencia, y sigo las ideas recibidas y las hago realidad por completo.

Cuando le digo «sí» a la vida, la vida me dice «sí»

«Todo cuanto llevo haciendo es escuchar mi campanilla interior y decir "sí"», afirma Louise mientras reflexiona sobre su carrera como escritora y maestra. «Nunca pretendí escribir un libro. Mi primera obra, un librito azul titulado *Sana tu cuerpo*, no era más que una lista que recopilé. Alguien me sugirió que la publicara en forma de libro. Y dije sí. No tenía idea de cómo publicar un libro, pero en el camino aparecieron manos colaboradoras. Simplemente, fue una pequeña aventura.» No se imaginaba que esa «pequeña aventura» se convertiría en un superventas y en el catalizador de una revolución en la publicación de libros de autoayuda.

La historia de Louise respecto a las charlas sigue un patrón similar. «Alguien me invitó a dar una charla y dije que sí. No tenía idea de qué iba a decir, pero en cuanto dije que sí, me sentí guiada por el camino.» Primero llegaron las charlas, después los talleres y luego las reuniones Hayride. «Unos cuantos hombres gais asistían a mis talleres con regularidad», recuerda Louise. «De pronto, un día me preguntaron si estaría dispuesta a empezar un grupo para gente con sida. Respondí: "Sí, reunámonos y veamos qué ocurre". No tenía ningún gran plan de marketing. No se marcó como meta aparecer en "el programa de Oprah Winfrey" ni en "el programa de Phil Donahue". «Seguí a mi corazón», afirmaba Louise.

AMAR A LOS DEMÁS ES FÁCIL CUANDO ME AMO Y ME ACEPTO A MÍ MISMO

Afirmaciones para fortalecer la amistad

*Estoy dispuesto a abandonar el patrón en mí
que atrae amistades problemáticas.
Me amo y me acepto, y soy un imán para los amigos.
Las amistades que entablo son excelentes.
Soy un amigo afectuoso y sustentador.
Confío en mí, confío en la Vida y confío en mis amigos.
Amar a los demás es fácil cuando me acepto y me amo.
Incluso si cometo un error, mis amigos me ayudan a repararlo.
Merezco que me apoyen.
Mis amigos son afectuosos y solidarios.
Ellos y yo tenemos una libertad total para ser nosotros mismos.
Mi amor y mi aceptación hacia los demás crea amistades duraderas.*

Aprendo fácilmente, estoy dispuesto a cambiar

En la infinitud de la vida en la que estoy
todo es perfecto, pleno y completo.
Elijo ahora con calma y objetividad ver mis
antiguos patrones, y estoy dispuesto a cambiar.
Aprendo fácilmente. Estoy dispuesto a cambiar.
Elijo divertirme mientras lo llevo a cabo.
Cuando descubro algo más de lo que desprenderme
decido reaccionar como si hubiera dado con un tesoro.
Me veo y me noto cambiando a cada momento.
Los pensamientos ya no tienen poder alguno sobre mí.
Soy el poder en el mundo. Elijo ser libre.
Todo está bien en mi mundo.

Cuánto más me amo, más siento que la vida me ama

«La Vida siempre está intentando amarnos, pero para advertirlo tenemos que estar abiertos», le confió Louise a Robert Holden.

«¿Y cómo podemos estar abiertos?», le preguntó él.

«Deseando amarte a ti mismo», respondió ella.

«Amarnos a nosotros mismos es el secreto para dejar que la vida nos ame.»

«Cuando proyectamos en los demás nuestra falta de amor por nosotros mismos, les acusamos de no amarnos lo suficiente, y lo único que vemos es un Universo hostil», prosiguió Louise.

«La proyección da lugar a la percepción», apuntó él, compartiendo una frase de *Un curso de milagros*».

«El miedo nos muestra un mundo, y el amor nos muestra otro», señaló Louise. «Nosotros somos los que decidimos qué mundo es el real. Y en cuál queremos vivir.»

Cada problema tiene una solución

No hay ningún problema que no pueda resolverse. No hay ninguna pregunta que no pueda responderse. Elige ir más allá del problema para buscar la solución Divina a cualquier clase de discordia que parezca surgir. Desea aprender de cualquier conflicto o confusión que aparezca en tu vida. Es importante abandonar los reproches y mirar en tu interior para buscar la verdad. Y desea también desprenderte de cualquier patrón mental tuyo que haya contribuido a la situación.

Confío hoy en un poder superior

Hace mucho aprendí que soy una unidad con la presencia y el poder de Dios, que la sabiduría y el conocimiento del Espíritu residen en mí y que, por lo tanto, lo Divino me guía en todas mis relaciones con los demás en el planeta. Al igual que las estrellas y los planetas siguen su órbita perfecta, yo también sigo mi orden correcto Divino. Tal vez no lo entienda todo con mi limitada mente humana, pero a escala cósmica sé que estoy en el lugar adecuado, en el momento adecuado, haciendo lo adecuado. Mi experiencia actual no es más que un peldaño hacia una nueva conciencia y unas nuevas oportunidades.

ME MEREZCO Y ACEPTO AHORA MI EXITOSA CARRERA PROFESIONAL

Si te gusta tu trabajo, pero piensas que no está lo bastante bien remunerado, empieza a dar las gracias por tu salario con amor. Expresar agradecimiento por lo que ya tenemos nos permite progresar en la vida. Afirma que ahora tu conciencia se está abriendo a una mayor prosperidad y que ganar un mejor sueldo forma *parte* de ella. Afirma que te mereces un ascenso, no por razones negativas, sino por ser tú muy valioso para la compañía, y que los propietarios quieren compartir sus ganancias contigo. Intenta siempre rendir al máximo en tu trabajo, en tal caso el Universo sabrá que estás preparado para dejar el lugar donde ahora estás y ascender a un trabajo incluso mejor.

Tu conciencia es la que te ha llevado adonde ahora estás. Y también es la que te mantendrá ahí o te permitirá encontrar un mejor empleo. De ti depende.

AGRADEZCO MIS INGRESOS CON AMOR Y VEO CÓMO AUMENTAN

Mis ingresos son perfectos para mí. Cada día me amo un poco más, y al hacerlo me abro a nuevas vías de ingresos. La prosperidad llega por medio de muchas formas y canales. No tiene límites. Algunas personas limitan sus ingresos al decir que viven de ingresos fijos. ¿Pero quién los ha fijado? Hay quienes piensan que no merecen ganar más de lo que ganaban sus padres o superar el nivel de valía de sus progenitores. Pues, aunque ame a mis padres, puedo superar su cantidad de ingresos. Hay Un Universo Infinito y de él proceden todos los ingresos de todo el mundo. Mis ingresos actuales reflejan mis creencias, lo que creo que me merezco. No tienen nada que ver con ganármelos. Simplemente, me permito aceptarlos. Acepto el saludable caudal de ingresos que me llega.

Vivo milagros en mi trabajo a diario

Agradecer con amor es una herramienta poderosa que podemos usar en cualquier entorno laboral. Envía esta gratitud antes de llegar al trabajo. Dales las gracias con amor a cada persona, lugar u objeto que haya en él. Si tienes algún problema, agradécelo con amor. Afirma que tú y la persona o la situación estáis de acuerdo y en una armonía perfecta.

Mantengo una harmonía perfecta con mi
entorno laboral y con cualquier persona que haya en él.
Siempre trabajo en ambientes armoniosos.
Honro y respeto a cada persona
y ellas, a su vez, me honran y respetan a mí.
Agradezco esta situación con amor y sé que
se ha dado para ofrecernos lo mejor a todos los implicados.
Te doy las gracias con amor y te dejo ir para tu mayor bien.
Agradezco este trabajo y se lo ofrezco a alguien que le encantará, y estoy
libre para aceptar otra oportunidad maravillosa.

Elige o adapta una de estas afirmaciones para que encaje con tu situación en el trabajo y repítela una y otra vez. Cada vez que una persona o situación te vengan a la mente, repite la afirmación. Elimina de tu mente la energía negativa relacionada con esa situación. Puedes cambiar la vivencia, simplemente, a través de los pensamientos.

ME SIENTO A SALVO EN EL RITMO Y EL FLUIR DE LA VIDA SIEMPRE CAMBIANTES

Cuando atendía en privado a las personas que me pedían consejo, les oía argumentar en favor de sus limitaciones, y siempre querían que supiera por qué se habían quedado atrapados en una determinada situación por una u otra razón. Si creemos estar atrapados y lo aceptamos, entonces estaremos atrapados. Nos quedamos «atrapados» porque nuestras convicciones negativas se cumplen. Empecemos, en su lugar, a fijarnos en los aspectos positivos.

Muchas personas me dicen que mis cedés les han salvado la vida. Quiero que entiendas que ningún libro o cedé te salvará. Un disco compacto dentro de una cajita de plástico no te salvará la vida. Lo que importa es lo que hagas con la información. Puedo ofrecerte un montón de ideas, pero lo que cuenta es lo que hagas con ellas. Te sugiero que escuches un cedé en especial una y otra vez durante un mes o más tiempo para que las ideas que contiene se conviertan en un nuevo patrón. Yo no soy tu sanadora ni tu salvadora. *Tú* eres la única persona que puede hacer un cambio en tu vida.

No es más que un pensamiento, y los pensamientos se pueden cambiar

Todas las situaciones que han ocurrido en tu vida hasta este momento las has estado creando con los pensamientos y las creencias que tenías en el pasado. Las crearon los pensamientos que tuviste y las palabras que dijiste ayer, la última semana, el último mes, el año anterior o hace diez, veinte, treinta, cuarenta o más años, según la edad que tengas.

Ese es tu pasado. Pero el pasado ya se ha ido. Lo que importa en este momento es lo que decides pensar, creer y decir ahora mismo, porque esos pensamientos y esas palabras crearán tu futuro. Tu momento de poder es este momento presente en el que estás dando forma a la experiencia de mañana, de la próxima semana, del próximo mes, del año que viene y de los que tengas por delante.

Tal vez seas consciente de lo que estás pensando en este momento. ¿Es un pensamiento positivo o negativo? ¿Quieres que este pensamiento cree tu futuro? Adviértelo y sé consciente de él.

HOY ME ESTOY CREANDO
UN FUTURO NUEVO Y MARAVILLOSO

Estamos aprendiendo cómo actúa la Vida. Es como aprender a usar el ordenador. Cuando adquieres uno, aprendes los procesos sencillos y básicos que te permiten manejarlo: cómo encenderlo y apagarlo, cómo abrir y guardar un documento, cómo imprimirlo. Y, a ese nivel, el ordenador te funciona de maravilla. Y, sin embargo, podría hacer muchas otras cosas para ti si adquirieras más conocimientos de informática.

Con la Vida ocurre lo mismo. Cuanto más aprendemos como actúa, más cosas maravillosas hará para nosotros.

En la Vida hay un ritmo y un fluir, y yo soy parte de ellos. La Vida me apoya y me trae solo experiencias buenas y positivas. Confío en que el proceso de la Vida actuará para mi mayor bien.

Cada día me siento más y más sano en todos los sentidos

Todos tenemos ideas y hábitos sobre la comida que ingerimos y los pensamientos que albergamos relacionados con la salud. Si sabes que puedes adquirir hábitos dietéticos saludables y confías en tu poder curativo, te llegará la información y el apoyo adecuados. En cambio, si crees que algo cuesta una barbaridad, toma demasiado tiempo o es imposible de llevar a cabo, tu vida y tus hábitos reflejarán esta actitud. Pero cuando cambias tu forma de pensar y crees que es posible alcanzar lo que te propones, se te revela *cómo* lograrlo.

Afirma:

Hola, cuerpo, gracias por estar tan sano.
Me mantengo sano con facilidad y sin esfuerzo.
Me he curado y gozo de plenitud.
Merezco sanar.
Mi cuerpo sabe curarse por sí solo.
Cada día me siento más y más sano
en todos los sentidos.
Me encanta elegir alimentos nutritivos y deliciosos.
A mi cuerpo le encanta cómo elijo
los alimentos perfectos para cada comida.
Planificar platos saludables es una gozada. Me lo merezco.
Cuando me alimento con comida saludable, nutro
mi cuerpo y mi mente para el día que me espera.

HOY ELIJO SENTIRME BIEN EN MI PIEL

Creo que el auténtico objetivo de la vida es sentirnos bien. Queremos ganar dinero porque deseamos sentirnos mejor. Queremos gozar de una salud radiante porque deseamos sentirnos mejor. Queremos mantener una buena relación de pareja porque creemos que nos sentiremos mejor. Y si nos fijáramos como objetivo sentirnos mejor, eliminaríamos un montón de trabajo extra. ¿Cómo me puedo sentir mejor en este momento? ¿Qué pensamientos puedo tener *ahora* que me hagan sentir mejor? Son las preguntas que debemos hacernos constantemente.

Mis habilidades y talentos creativos y singulares fluyen a través de mí

En la infinitud de la vida en la que estoy
todo es perfecto, pleno y completo.
Mis habilidades y talentos creativos y singulares
fluyen a través de mí y se expresan de formas
profundas y satisfactorias.
Siempre hay personas que solicitan mis servicios.
Siempre tengo trabajo y puedo seleccionar y
elegir lo que quiero hacer.
Gano un buen sueldo haciendo lo que me llena.
Mi trabajo es una alegría y un placer.
Todo está bien en mi mundo.

Soy merecedor de amor

Afirmaciones para aceptar la sexualidad

Es seguro para mí explorar mi sexualidad.
Expreso mis deseos con alegría y libertad.
Dios creó mi sexualidad y la aprueba.
Me amo a mí mismo y amo mi sexualidad.
Me siento seguro y a salvo amándome.
Me permito disfrutar de mi cuerpo.
Supero las creencias limitadoras y me acepto plenamente.
Es seguro ser yo mismo en cualquier situación.
Mi sexualidad es un don maravilloso.
Soy merecedor de amor.

Ahora me ocupo de mi vida

Muchas personas tienen un niño interior que se siente perdido, solo y rechazado. Quizás el único contacto que tuvieron hace mucho con él fue el de reñirle y criticarle. Es lógico que se sientan desgraciadas. No pueden rechazar una parte de su ser y seguir gozando de armonía interior.

Visualiza ahora que tomas de la mano al niño que llevas dentro y que vais juntos a todas partes durante varios días. Observa las deliciosas vivencias que tenéis. Quizá te parezca una tontería, pero pruébalo. ¡Funciona realmente! Crea una vida maravillosa para ti y tu niño interior. El Universo te responderá y encontrarás la forma de sanar a tu niño interior y al adulto que eres.

Afirma: *Amo a mi niño interior. Ahora me ocupo de mi vida.*

ESCUCHO LA SABIDURÍA DE MI CUERPO

El dolor se manifiesta bajo muchas formas: como achaques, arañazos, dedos gordos del pie magullados, moratones, congestiones, problemas de sueño, sensaciones molestas en el estómago y enfermedades. Esa sensación molesta está intentando decirnos algo. El dolor es la forma del cuerpo de agitar una bandera roja para llamarnos la atención, es su último intento desesperado para decirnos que hay algo que va mal en nuestra vida.

Cuando sentimos dolor, ¿qué solemos hacer? Ir corriendo al botiquín del cuarto de baño o a la farmacia y tomarnos una pastilla. Cuando actuamos así le estamos diciendo a nuestro cuerpo: «¡Cállate! No quiero escucharte».

Pero en algún momento tendremos que fijarnos en lo que nos está pasando. Escucha a tu cuerpo, no olvides que no desea más que estar sano y necesita que colabores con él.

Considera cada dolor que sufras como un maestro que intenta decirte que en tu mente hay una idea falsa. Hay algo que crees, dices, haces o piensas que no es para tu mayor bien. Yo siempre visualizo a mi cuerpo que me dice tirando de mí: «*¡Por favor, presta atención!*» Cuando descubras el patrón mental que subyace en un dolor o una enfermedad, podrás cambiarlo por medio del trabajo con el espejo y librarte del mal-estar.

ABANDONO LAS CREENCIAS
QUE NO ME APOYAN NI SUSTENTAN

Amarte y aprobarte, confiar en el proceso de la vida y sentirte a salvo porque eres consciente del poder de tu mente son factores sumamente importantes para afrontar las conductas adictivas. Mis experiencias con personas adictas me han mostrado que la mayoría tienen en común que se odian profundamente a sí mismas. No se perdonan. Día tras día se machacan a sí mismas. ¿Por qué? Porque en algún momento de la infancia interiorizaron la idea de que no valían lo bastante, eran malas y debían castigarse por ello. Las vivencias de la infancia temprana relacionadas con abusos sexuales y maltratos físicos o emocionales contribuyen a odiarse uno mismo. La sinceridad, el perdón, el amor propio y el hecho de estar dispuesto a vivir en la verdad ayudan a curar esas heridas tempranas y le permiten a la persona adicta perdonarse por su conducta. También he descubierto que la personalidad adictiva es temerosa. Le asusta enormemente dejar de aferrarse y confiar en el proceso de la vida. Mientras creamos que el mundo es un lugar peligroso donde las personas y las situaciones están esperando «atraparnos», esa creencia será nuestra realidad.

¿Estás dispuesto a abandonar las ideas y creencias que no te apoyan ni sustentan? En tal caso, estás preparado para seguir tu viaje.

ME LIBERO DE TODAS
LAS ADICCIONES NEGATIVAS DE MI VIDA

Soy uno con la Vida, y toda la Vida me ama y me apoya. Por lo tanto, reivindico mi gran valía y autoestima. Me amo y me aprecio en cualquier aspecto. Yo no soy mis padres, ni tampoco ninguno de los patrones adictivos que pudieran tener. Sea cual sea mi pasado, elijo en este momento dejar atrás mis diálogos internos negativos y amarme y aprobarme. Soy una persona única y me alegro de ser como soy. Soy aceptable y merecedor de amor. Esta es la verdad sobre mi ser y así la acepto. Todo está bien en mi mundo.

A MEDIDA QUE ME PERDONO, ME RESULTA MÁS FÁCIL PERDONAR A LOS DEMÁS

Cuando oyes citar la palabra *perdón,* ¿qué te viene a la cabeza? ¿Cuál es la persona o la experiencia que crees que nunca olvidarás, que nunca perdonarás? ¿Qué es lo que te ata al pasado? Cuando te niegas a perdonar, te estás aferrando al pasado y te es imposible vivir el presente. Pero solo en el presente puedes crear el futuro. El perdón es un regalo que te haces. Te libera del pasado, de la vivencia y de las relaciones pasadas. Te permite vivir en el presente. Cuando te perdonas a ti mismo y perdonas a otros, eres libre.

El perdón te da una sensación inmensa de libertad. A menudo, necesitamos perdonarnos a nosotros mismos por haber aguantado vivencias dolorosas y no querernos lo bastante como para alejarnos de ellas. Así que ámate, perdónate, perdona a los demás y vive en el presente. Visualiza que tu antigua amargura y dolor se desprenden rodando de tus hombros mientras abres las puertas de tu corazón de par en par. Cuando sales de un espacio de amor, siempre estás a salvo. Perdonas a todo el mundo. Te perdonas a ti. Perdonas tus vivencias pasadas. Eres libre.

TODO CUANTO NECESITO
ME LLEGA EN EL MOMENTO PERFECTO

Creo en que todo cuando necesito saber se me revela, solo necesito mantener los ojos bien abiertos y aguzar el oído. Cuando tenía cáncer, recuerdo que pensaba que un reflexólogo podal me vendría de perlas. Una noche asistí a una charla. Tras entrar en la sala y tomar asiento, un reflexólogo podal se sentó a mi lado. Empezamos a conversar y me enteré de que incluso hacía visitas a domicilio. No tuve que buscar a uno, llegó a mí por sí solo.

También creo que todo cuanto necesito me llegará en el momento y el lugar perfectos. Cuando algo va mal en mi vida, me pongo de inmediato a pensar: *Todo está bien, no pasa nada, sé que esto es adecuado. Es una lección, una experiencia, y la superaré. Si se ha dado, será para mi mayor bien. Todo está bien. Respira, simplemente. No pasa nada.* Hago todo lo posible por calmarme, para pensar con la cabeza fría lo que está ocurriendo y, por supuesto, consigo manejar la situación. Tal vez nos lleve un poco de tiempo descubrirlo, pero a veces lo que nos parecen grandes tragedias acaban siendo al final unas experiencias muy buenas o, al menos, no son tan horrendas como parecían al principio. Cada acontecimiento es una experiencia de aprendizaje.

Soy puro espíritu

Sigo mi estrella interior y resplandezco y brillo a mi propia y única manera. Soy un ser muy valioso. Tengo un alma hermosa, un cuerpo exterior y una personalidad. Pero mi alma es el centro. El alma es la parte mía que es eterna. Siempre lo ha sido y siempre lo será. Mi alma ha adoptado muchas personalidades. Y adoptará muchas más. Mi alma no se puede dañar ni destruir. Solo se puede enriquecer con las experiencias de la vida, sean las que sean. En la vida hay muchas más cosas de las que puedo entender. Nunca conoceré todas las respuestas. Pero cuánto más me permito entender cómo actúa la vida, más tengo a mi disposición el poder y la fuerza para usarlos.

Cuido hoy de mi niño interior

Cuida de tu niño interior. Es el niño el que está asustado. Es el niño el que está dolido. Es el niño el que no sabe qué hacer. Dale tu apoyo. Acéptalo, ámalo y haz todo lo posible por satisfacer sus necesidades. Asegúrate de hacerle saber que, ocurra lo que ocurra, siempre estarás a su lado. Nunca le girarás la espalda ni le abandonarás. Siempre amarás a este niño.

Dejo con placer de resistirme a amarme

Le preguntaron a Louise los errores más habituales de la gente al hacer el trabajo con el espejo. «¡El mayor error es no practicarlo!», contestó Louise. «Muchas personas ni siquiera intentan hacerlo, creen que no les funcionará.» Y en cuanto lo prueban, muchas lo dejan al ver cómo se juzgan a sí mismas», añadió. «Los defectos que vemos no son la verdad sobre nuestro ser», aclaró Louise. «Cuando nos juzgamos, vemos defectos. Cuando nos amamos, vemos nuestra esencia.»

A continuación, le preguntaron cuáles eran los obstáculos más comunes para el ejercicio del espejo. «El trabajo con el espejo no sirve en la teoría, solo sirve en la práctica», aseguró Louise. Es decir, el secreto del trabajo con el espejo es hacerlo y ser constante en ello. Cuando le preguntaron si aún había días en los que le costaba mirarse al espejo, respondió: «Sí, y en esos días me aseguro de quedarme frente al espejo hasta que me siento mejor». No se iba de la habitación hasta sentirse en un estado más afectuoso. Después de todo, el mundo nos refleja cómo nos sentimos en nuestra piel.

ME PERDONO CON AMOR

Me encanta la sensación de libertad que siento cuando me quito la pesada capa de críticas, miedo, culpa, resentimiento y humillación. Entonces puedo perdonarme a mí y perdonar a los demás. Esto nos deja libres a todos. Estoy dispuesto a desprenderme de mis «problemas» sobre viejas cuestiones. Me niego a seguir viviendo en el pasado. Me perdono por haber estado llevando esa carga durante tanto tiempo. Me perdono por no haber sabido amarme a mí ni amar a los demás.

Cada persona es responsable de sus actos, y la vida nos devuelve aquello que damos. De modo que no necesito castigar a nadie. Todos estamos sometidos a las leyes de nuestra propia conciencia. Me dedico a despejar las partes de mi mente que se niegan a perdonar y dejo entrar al amor. Así, estoy sano y completo.

Cuanto más agradecido me siento, más cosas buenas recibo por las que estar agradecido

La gratitud te trae más cosas buenas por las que estar agradecido. Aumenta la abundancia en tu vida. En cambio, la falta de gratitud o las quejas te dan poco de lo que alegrarte. Los que se quejan por todo siempre descubren que en su vida apenas hay cosas buenas, o no disfrutan de lo que tienen. El Universo siempre nos da lo que creemos merecer. A muchas personas les enseñaron de pequeñas a fijarse solo en lo que no tienen y a sentir siempre que les falta algo. Han interiorizado la creencia de escasez y luego se preguntan por qué su vida está tan vacía. Si creemos: «No tengo… y solo seré feliz cuando lo consiga», estamos dejando nuestra vida suspendida. Lo que el Universo oye es: «No tengo… y no soy feliz», por eso nos da más de lo mismo.

Ya llevo un tiempo aceptando cada halago y cada regalo diciendo: «Lo acepto con alegría, placer y gratitud». He aprendido que al Universo le encanta esta expresión, y por eso estoy recibiendo constantemente los regalos más maravillosos.

Cuando medito, se me equilibra el cuerpo

Cuando medito, suelo cerrar los ojos, respiro hondo y pregunto: *¿qué es lo que necesito saber?* Luego, permanezco sentada y escucho. También puedo preguntar: *¿Qué es lo que necesito aprender?* O *¿Qué lección me está enseñando esto?* A veces creemos que se supone que debemos arreglarlo todo en nuestra vida, pero tal vez en realidad solo tengamos que aprender algo de la situación.

Cuando empecé a meditar, las tres primeras semanas sufrí unos violentos dolores de cabeza. No estaba acostumbrada a meditar e iba en contra de mi programación interior habitual. Sin embargo, seguí meditando, y los dolores de cabeza se acabaron yendo.

Si te estás topando constantemente con una cantidad tremenda de negatividad cuando meditas, quizá signifique que *necesita* aflorar y que cuando te sientas en quietud, empieza a salir a la superficie. Simplemente, observa cómo la negatividad se libera. No intentes luchar contra ella. Deja que vaya saliendo durante el tiempo que sea preciso.

Si te quedas adormilado mientras meditas, no pasa nada. Deja que el cuerpo haga lo que necesita hacer, con el tiempo se equilibrará.

Me permito prosperar

Las reservas del Universo son inagotables. Empieza a ser consciente de ello. Tómate tu tiempo para contar las estrellas en una noche despejada, los granos de un puñado de arena, las hojas de la rama de un árbol, las gotas de lluvia resbalando por el cristal de una ventana o las semillas de un tomate. De cada semilla puede crecer una tomatera con más de un centenar de tomates. Agradece lo que tienes y descubrirás que aumenta. A mí me gusta agradecer con amor todo cuanto hay ahora en mi vida: mi hogar —la calefacción, el agua, la luz, el teléfono, los muebles, las cañerías, los electrodomésticos— y la ropa, el coche, mi trabajo, el dinero que tengo, los amigos, mi capacidad para ver, sentir, saborear, tocar, caminar y disfrutar de este planeta increíble.

Lo único que nos limita es nuestra creencia en las carencias y las limitaciones. ¿Qué creencia te está limitando a ti?

DIGO «SÍ» A ESTAR MÁS DISPUESTO A RECIBIR

Recibir es la mejor psicoterapia que hay. Si te tomas en serio lo de recibir y deseas convertirlo en una práctica diaria, descubrirás que recibir te ayudará a derribar las barreras que bloquean el amor en tu vida. Al afirmar *Deseo estar más dispuesto a recibir,* activas el Poder de tu interior que puede disipar la sensación aprendida de poca valía, la independencia disfuncional, la abnegación poco sana, la inseguridad económica y cualquier tipo de carencia. Recibir te ayuda a saber que eres realmente valioso, y también a llevar una vida tranquila y feliz.

Te animo a empezar la práctica espiritual de escribir un diario sobre lo que recibes. Dedica 15 minutos al día, durante los siguientes siete días, a cultivar incluso una mayor disposición a recibir. Escribe en el diario 10 respuestas a la frase: *Una de las formas en que la Vida me ama en este momento es...* No corrijas tus respuestas. Escribe lo que te venga a la cabeza.

HOY EXPRESO MI AMOR EN TODO CUANTO HAGO

Soy uno con la Vida, y toda la Vida me ama y me apoya. Por lo tanto, reivindico poder expresarme creativamente de la mejor forma posible. Mi entorno laboral me llena enormemente. Me aman, aprecian y respetan en él. Yo no soy mis padres, ni tampoco repito sus patrones en las experiencias laborales. Soy una persona única y elijo dedicarme a aquello que me aporta incluso más satisfacción que dinero. Trabajar es ahora un placer para mí. Esta es la verdad sobre mi ser y así la acepto. Todo está bien en mi mundo laboral.

Supero mis adicciones y me libero

Afirmaciones para las adicciones

Veo cualquier patrón de resistencia en mí
solo como algo de lo que desprenderme.
La Vida me ama, me sustenta
y me apoya.
Estoy haciéndolo lo mejor posible.
Cada día me es más fácil.
Estoy dispuesto a dejar atrás
la necesidad que causa mis adicciones.
Supero mis adicciones
y me libero.
Me apruebo a mí mismo
y también la forma en la que estoy cambiando.
Soy más poderoso que mis adicciones.
Ahora estoy descubriendo lo maravilloso que soy.
Elijo amarme y disfrutar.
Es seguro para mí estar vivo.

Fluyo con los cambios que acaecen en mi vida

*En la infinitud de la vida en la que estoy
todo es perfecto, pleno y completo.
Veo cualquier patrón de resistencia en mí
solo como algo de lo que desprenderme.
No tienen poder alguno sobre mí.
Yo soy el poder en mi mundo.
Fluyo con los cambios que acaecen
en mi vida lo mejor posible.
Me apruebo a mí mismo
y también la forma en la que estoy cambiando.
Estoy haciéndolo lo mejor posible. Cada día me es más fácil.
Me alegro de seguir el ritmo
y el fluir de mi vida siempre cambiante.
Hoy es un día maravilloso.
Elijo que sea así.
Todo está bien en mi mundo.*

AL AMARME A MÍ MISMO, SANO MI VIDA

Una tarde, Louise y Robert Holden salieron a dar un paseo por el parque Balboa. Mientras se dirigían al Jardín Japonés de la Amistad, Robert le preguntó a Louise sobre la Reunión Hayride que acababa de tener lugar y en la que se celebraba el 30 aniversario del grupo de apoyo de Louise para el sida que se acabó conociendo como Hayride. La reunión se había llevado a cabo en el Teatro Wilshire Ebell de Los Ángeles. El teatro estaba abarrotado de amigos, antiguos y nuevos, que habían acudido de todas partes del mundo para asistir al evento.

De repente, oyeron a alguien gritar: «¡Señora Hay! ¡Señora Hay!» Al levantar la vista, vieron a dos hombres, cogidos del brazo, que agitaban las manos saludándoles. Estaban cerca de la entrada del Jardín Japonés de la Amistad. En cuanto se acercaron, uno de ellos dijo: «Señora Hay, ¡soy un Hayrider!» Louise y el hombre rompieron a llorar de la emoción. Se abrazaron durante un buen rato. Robert sacó muchas fotos. Louise se veía feliz. Aquel hombre había asistido a las reuniones Hayride en 1988, cuando se estaba preparando para morir.

«Me sanaste la vida», afirmó él.

«No, fuiste tú quien lo hiciste», le respondió Louise.

Cuando entro en mi interior, descubro todo el bienestar y la sabiduría que necesito

Me siento en silencio al menos una vez al día y entro en mi interior para conectar con la sabiduría y el conocimiento que siempre están ahí. Esta sabiduría y este conocimiento solo están a una respiración de distancia. Las respuestas a todas las preguntas que pueda llegar jamás a hacerme se encuentran ahí aguardándome.

Meditar es una alegría para mí. Me siento en silencio, respiro hondo unas cuantas veces, me relajo y voy a ese lugar de paz que hay en mi interior. Al cabo de un rato, vuelvo al momento presente descansada, renovada y preparada para afrontar la vida. Cada día es una aventura nueva y deliciosa para mí, ya que elijo escuchar a mi sabiduría interior, que siempre está a mi disposición. Procede de la esencia de lo que existe detrás del Universo, del tiempo, del espacio y los cambios. Cuando medito, conecto con la parte interior profunda e inmutable que hay en mí. En ese lugar soy energía. Soy luz. Soy la respuesta recibida. Soy el Ser eterno viviendo el ahora.

4 DE JULIO

CREO VIVENCIAS AFECTUOSAS EN MI VIDA COTIDIANA

Muchas personas sufrieron maltratos en la infancia y crecieron con una visión negativa de la vida. (Yo también los sufrí en la niñez.) A menudo tememos sentirnos bien en nuestra piel porque es un estado al que no estamos acostumbrados. Sé que algunas personas que sufrieron maltratos físicos y emocionales sienten mucha ira y resentimiento en su interior. Normalmente tienen una baja autoestima y no creen «valer lo suficiente». Por eso reaccionan de ciertas maneras, sin apenas saber de qué les viene su conducta o sin tener la menor idea de por qué responden así.

Ha llegado el momento de perdonarte. La gran Inteligencia del Universo, que para mí es Dios, ya te ha perdonado, y ahora te toca a ti hacerlo. Todos somos seres magníficos a los ojos de Dios. Puedes elegir dejar de castigarte o seguir sintiéndote una víctima de las circunstancias. Afirma ahora mismo: *Dejo atrás las vivencias negativas del pasado. Me merezco gozar de paz interior y de relaciones saludables. Creo vivencias afectuosas en mi vida cotidiana.* Cada vez que sientas dolor y culpabilidad, repite: «Lo dejo ir». Y después, añade: «En este momento estoy sanando».

LA VIDA ME DA TODO CUANTO NECESITO

Hoy aprenderás a hacer que el miedo no tenga poder alguno sobre tu mente y a confiar en que la Vida se ocupa de ti.

1. ¿Qué es ahora lo que más miedo te da? Escríbelo en una nota adhesiva y pégala en la parte izquierda de un espejo. Sé consciente de ese miedo. Dile: *Sé que quieres protegerme. Aprecio que quieras ayudarme. Te lo agradezco. Ahora ya te puedes ir. Te libero y estoy a salvo.* Después, toma la nota, rómpela y échala a la basura, o arrójala al váter y tira de la cadena.

2. Mírate al espejo y repite estas afirmaciones: *Soy uno con el Poder que me creó. Estoy a salvo. Todo está bien en mi mundo.*

3. Cuando estamos asustados, contenemos el aliento. Si te sientes amenazado o asustado, respira de manera consciente. Respira hondo varias veces. La respiración abre ese espacio interior tuyo donde reside tu poder. Te endereza la columna, te abre el pecho y le da a tu tierno corazón el espacio para que se ensanche.

4. Mientras lo haces, repite estas afirmaciones: *Te amo, [Nombre]. Te amo de verdad. Confío en la vida. La Vida me da todo cuanto necesito. No hay nada que temer. Estoy a salvo. Todo está bien.*

EN EL FONDO DE MI SER HAY UN MANANTIAL INAGOTABLE DE AMOR

Abro mi corazón al amor.
Es seguro para mí expresar amor.
Estoy seguro y a salvo en mi amor por mí.
Siempre tengo la pareja perfecta en mi vida.
Estoy abierto y receptivo
a una relación maravillosa y afectuosa.
En el fondo de mi ser
hay un manantial inagotable de amor.
He venido aquí para aprender que no existe más que amor.
Mantengo una relación armoniosa con la Vida.
Me alegro del amor que tengo para compartir.
Estoy creando un montón de espacio en mi vida para el amor.

Soy la luz del mundo

Si miras en lo más hondo de tu corazón descubrirás una lucecita de un vivo color. Tiene un color precioso. Es el núcleo de tu amor y de tu energía curativa. Observa cómo la pequeña luz se pone a palpitar. A medida que palpita va creciendo hasta llenar tu corazón. Ve cómo se mueve esta luz a través de tu cuerpo, desde la parte superior de la cabeza hasta las puntas de los dedos de los pies y las puntas de los dedos de las manos. Esta hermosa luz coloreada te hace resplandecer intensamente, lleno de amor y de energía curativa. Deja que todo tu cuerpo vibre con esta luz. Repite: *Cada vez que respiro, estoy más y más sano.*

Deja después que esta luz irradie en todas direcciones para que tu energía curativa le llegue a cualquier ser que la necesite. Elige un lugar del planeta como el sitio que te gustaría ayudar a sanar. Puede ser un paraje lejano o encontrarse a la vuelta de la esquina. Dirige tu amor, tu luz y tu energía curativa a ese lugar, y visualiza que el sitio donde los has irradiado se estabiliza y armoniza. Visualiza que se vuelve completo. Lo que damos vuelve a nosotros multiplicado. Ofrece tu amor. Y así es.

CUANTO MÁS AMOR USO Y DOY, MÁS TENGO PARA DAR

En la infinitud de la vida en la que estoy
todo es perfecto, pleno y completo.
Vivo en armonía y equilibrio con todas las personas que conozco.
En el fondo de mi ser
hay un manantial inagotable de amor.
Dejo ahora que este amor brote a la superficie.
Llena mi corazón, mi cuerpo, mi mente,
mi conciencia y mi propio ser, se difunde
al exterior en todas direcciones y vuelve a mí multiplicado.
Cuanto más amor uso y doy, más tengo para dar.
La reserva es inagotable. Usar el amor
me hace sentir bien, es una expresión de mi dicha interior.
Me amo, por eso cuido afectuosamente de mi cuerpo.
Lo alimento con afecto con comida y bebidas nutritivas,
lo aseo y lo visto con afecto, y el cuerpo me responde
amorosamente con una salud y una energía radiantes.
Me amo, por eso me ofrezco
un hogar confortable que satisface
todas mis necesidades y en el que es un placer vivir.
Lleno las habitaciones con la vibración del amor
para que todos los que entremos en ellas, yo incluido,
sintamos ese amor y seamos sustentados por él.

EL UNIVERSO CUIDA AFECTUOSAMENTE DE MÍ

Me amo, por eso me dedico a un trabajo que realmente
me apasiona, en el que uso mis habilidades y talentos
creativos, trabajo con y para personas
a las que amo y que me aman, y gano un buen sueldo.
Me amo, por eso pienso en todo el mundo con afecto, pues sé que lo que dé
volverá a mí multiplicado. Solo atraigo a personas
afectuosas a mi mundo, ya que reflejan lo que yo soy.
Me amo, por eso perdono y dejo atrás
el pasado y las vivencias pasadas, soy libre.
Me amo, por eso vivo plenamente en el ahora,
experimentando cada momento como bueno, sabiendo
que me espera un futuro brillante, dichoso y seguro,
pues soy un hijo amado del Universo, y el Universo
cuida afectuosamente de mí ahora y siempre.
Todo está bien en mi mundo.

Amarme saca lo mejor de mí

Si siempre has sido una persona dada a la crítica que ha estado viendo la vida con una mirada negativa, te llevará un tiempo llegar a ser más afectuoso y tolerante. Mientras pones en práctica el dejar de criticarte, lo cual no es más que un hábito y no la realidad de tu ser, aprenderás a ser paciente contigo mismo.

¿Te imaginas lo maravilloso que sería si pudiéramos vivir sin que nadie nos criticara? Nos sentiríamos de lo más tranquilos y cómodos. Cada mañana sería un día nuevo maravilloso, porque todo el mundo nos amaría y aceptaría, y nadie nos criticaría ni nos despreciaría. Puedes ofrecerte esta clase de felicidad siendo más tolerante con lo que te hace ser una persona única y especial.

La experiencia de vivir contigo mismo puede ser una de las vivencias más maravillosas imaginables. Al despertar por la mañana, puedes sentir la dicha de pasar otro día contigo mismo. Cuando amas quien eres, sacas lo mejor de ti espontáneamente.

Digo «sí» a una vida de posibilidades infinitas

Louise describía la conciencia del Ser Incondicionado como *la totalidad de las posibilidades*. «Es una frase que aprendí de Eric Pace, uno de mis primeros maestros», señaló Louise. «Le conocí en la Iglesia de La Ciencia de la Mente en Nueva York, cuando yo tenía unos cuarenta y cinco años. Me acababa de divorciar. Sentía que no era digna de ser amada y que la Vida no me amaba. Eric me enseñó que, si cambias tus pensamientos, puedes cambiar tu vida. Cada vez que abandonas una limitación —un juicio, una crítica, un temor, una duda—, te abres a la totalidad de posibilidades que existe en la inteligencia infinita de tu mente original.»

¿Cómo experimentas tu mente original? Aquí tienes una bella pregunta para hacerte. La idea es completar la siguiente frase cinco veces: *Una de las cosas buenas que podría ocurrir si me juzgara menos es...* No corrijas tus respuestas ni las juzgues. Deja que tu mente original te hable. Permítete vivir las posibilidades. Y deja que la verdad básica sobre quien eres te inspire y te guíe.

VUELVO A PONERME AL VOLANTE
Y ME OCUPO DE MIS PENSAMIENTOS

La mayoría de la gente tiene la costumbre de estar quejándose constantemente en su mente. Cada vez que lo hacemos es una afirmación, una afirmación muy negativa. Cuanto más nos quejamos, más cosas encontramos de las que quejarnos. La vida siempre nos da aquello en lo que nos concentramos. Cuanto más nos concentremos en lo malo de nuestra vida, con más de lo mismo nos encontraremos. Cuanto más cosas malas descubramos, más desgraciados seremos. Es un círculo interminable. Nos convertimos en víctimas constantes de la Vida.

Y en esos momentos es cuando nos sentimos como si estuviéramos en un atolladero. Entonces es cuando tenemos que volver a ponernos al volante y ocuparnos de nuestros pensamientos.

CUANDO AMO LO QUE HAGO, ME LLEGA EL DINERO

Si de pequeño te inculcaron que para ganarte la vida tenías que «trabajar duro», ha llegado el momento de dejar atrás esta creencia. Haz lo que amas y el dinero te llegará. Ama lo que haces y el dinero te llegará. Tienes el derecho de amar ganar dinero. Tu responsabilidad ante la Vida es participar en actividades que disfrutes. A medida que encuentres la forma de dedicarte a algo que disfrutes, la Vida te irá mostrando el camino a la prosperidad y la abundancia. Casi siempre esa actividad suele ser divertida y placentera.

Tu guía interior nunca usa «deberías». El objetivo de la vida es jugar. Cuando el trabajo se convierte en un juego, es divertido y gratificante. Recuerda que eres tú quien decide cómo será tu vida laboral. Crea afirmaciones positivas para lograrlo. Y repítelas a menudo. ¡Puedes tener la vida laboral que desees!

AGRADEZCO LA FAMILIA QUE TENGO CON AMOR

Afirmaciones para trascender los patrones familiares

Agradezco la familia que tengo con amor.
Dejo que los demás sean ellos mismos.
Tomo mis propias decisiones.
Envuelvo todas mis relaciones con un círculo de amor.
Tengo el poder de hacer cambios.
Dejo atrás mis antiguas heridas emocionales
y me perdono.
Dejo atrás las antiguas limitaciones familiares
y soy consciente de la armonía Divina.
Todas mis relaciones son armoniosas.
Siento compasión por la infancia de mis padres.
Abandono las críticas.

Mantengo alegremente a mi niño interior seguro en el centro de mi ser

¿Fuiste un niño deseado? ¿Se alegraron de verdad tus padres de que nacieras? ¿Les encantó tu sexo o querían que fueras del sexo opuesto? ¿Sentiste que eras un niño deseado? ¿Celebraron tu llegada? Sean cuales sean las respuestas, saluda a tu niño interior ahora. Organiza una celebración. Cuéntale las cosas maravillosas que le dirías a un bebé deseado que acabara de llegar al mundo.

¿Qué es lo que de pequeño siempre querías que tus padres te dijeran? ¿Qué fue lo que querías oír que nunca te dijeron? Díselo ahora a tu niño interior. Díselo a diario durante un mes mientras te miras al espejo. Descubre lo que ocurre.

Elijo ahora desprenderme de las heridas emocionales y del resentimiento

El resentimiento es ira que se ha estado acumulando durante mucho tiempo. El mayor problema con el resentimiento es que se almacena en el cuerpo, normalmente en el mismo lugar, y con el paso del tiempo nos va agitando y carcomiendo por dentro hasta convertirse a menudo en tumores y cánceres, por lo que reprimir la ira y dejar que se vaya acumulando en el cuerpo no es bueno para la salud. Ha llegado el momento de liberar esos sentimientos.

Muchas personas crecieron en familias en las que no les dejaban enojarse. A las mujeres, en especial, les enseñaban que era *malo* enojarse. La ira no era aceptable, solo tenía derecho a enojarse una persona, normalmente el cabeza de familia. Así que aprendimos a tragarnos nuestra ira en lugar de expresarla. Pero ahora podemos ver que somos nosotros los que nos aferramos a ella. Nadie más tiene nada que ver.

ESTOY EN PAZ CON EL PROCESO DEL DUELO

El proceso del duelo por la muerte de un ser querido dura como mínimo un año. Cuando lo necesite, me daré el tiempo y el espacio para vivir este proceso natural y normal de la vida. Soy bueno conmigo mismo, me permito sentir el dolor. Al cabo de un año empezará a desaparecer. Sé que nunca puedo perder a nadie, porque nadie me ha pertenecido nunca. Y también sé que volveré a conectar con esa alma en un abrir y cerrar de ojos. Me siento rodeado de amor y rodeo a esas almas de amor, dondequiera que estén. Todo cuanto existe acabará pereciendo. Los árboles, los animales, los pájaros, los ríos e incluso las estrellas nacen y mueren, y a mí me ocurrirá lo mismo. Y todo sucederá en el momento y el lugar perfectos.

CADA ACTO DE PERDÓN ES UN ACTO DE AMOR HACIA UNO MISMO

Soy uno con la Vida, y toda la Vida me ama y me apoya. Así que reivindico tener un corazón abierto lleno de amor. Todos intentamos actuar lo mejor posible a cada momento, yo también lo hago. El pasado ya se ha ido. Yo no soy mis padres, ni tampoco sus patrones de resentimiento. Soy una persona única y elijo abrir mi corazón y dejar que el amor, la compasión y la comprensión eliminen todos los recuerdos dolorosos del pasado. Soy libre para ser todo lo que puedo ser. Esta es la verdad sobre mi ser y así la acepto. Todo está bien en mi vida.

Vivo en un mundo de amor y aceptación

Este mundo está lleno de amor, al igual que nuestro corazón, pero a veces lo olvidamos. En algunas ocasiones creemos que no hay bastante, o solo una pequeña cantidad. Por eso lo acumulamos o tememos desprendernos de él. Nos da miedo manifestarlo. Pero los que estamos dispuestos a aprender vemos que, cuanto más amor dejamos que fluya de nosotros, más hay en nuestro interior... y más recibimos. Es inagotable e infinito.

El amor es, en verdad, la fuerza curativa más poderosa que existe. Sin amor no podríamos sobrevivir. Si los recién nacidos no reciben amor y afecto, se acaban debilitando y muriendo. La mayoría de personas creen poder sobrevivir sin amor, pero no es así. Amarnos a nosotros mismos es el poder que nos sana. Por eso debemos amarnos lo máximo posible, cada día.

ATRAIGO TODA CLASE DE PROSPERIDAD

El miedo que nos infunden las cuestiones monetarias nos viene de la programación recibida en nuestra primera infancia. Una mujer que asistió a uno de mis talleres nos contó que su acaudalado padre siempre temía arruinarse y que les transmitió a sus hijos el miedo a quedarse sin dinero. Ella había crecido temiendo no ser capaz de ganarse la vida. Su dependencia económica estaba ligada al hecho de que su padre manipulaba a su propia familia haciendo sentir culpables a los suyos. Pero nunca le faltó el dinero en toda su vida, y la situación le enseñó que no tenía nada que temer en cuanto a salir adelante. Incluso se ganaba la vida sin disponer del dinero de su familia.

Muchas personas han heredado las creencias que tenían en la infancia, pero debemos superar las limitaciones y los miedos de nuestros padres. Tenemos que abandonarlas y empezar a afirmar que está bien gozar de dinero y de abundancia. Si confiamos en que el Poder que hay en nuestro interior siempre se ocupará de nosotros ocurra lo que ocurra, superaremos sin esfuerzo alguno las temporadas de escasez, sabiendo que en el futuro todo nos irá mejor en la vida.

LA ABUNDANCIA FLUYE LIBREMENTE A TRAVÉS DE MÍ

Es fundamental que dejemos de preocuparnos por el dinero y de ver las facturas con malos ojos. Muchas personas las tratan como si fueran castigos que intentan evitar si es posible. Sin embargo, una factura refleja nuestra capacidad para pagarla. El que nos la presenta supone que tenemos el suficiente dinero y nos da el servicio o el producto antes de que se lo paguemos.

Agradezco con amor cada factura que llega a mi casa. Agradezco con amor cada cheque que extiendo dándole un beso. Si pagas las facturas lleno de resentimiento, te costará que el dinero vuelva a ti. Pero si las pagas con amor y alegría, abrirás el canal de la abundancia. Trata el dinero como a un amigo y no como algo que amontonas y apretujas en el bolsillo.

SOY MI PAREJA PERFECTA

En este mismo momento estás con la pareja perfecta: ¡tú mismo! Antes de llegar al mundo esta vez, elegiste ser quien eres en esta vida. Ahora puedes pasar toda tu vida contigo mismo. Disfruta de esta relación. Haz que sea la mejor, tu relación más afectuosa. Ámate. Ama el cuerpo que elegiste, estará contigo toda tu vida. Si hay aspectos de tu personalidad que te gustaría cambiar, cámbialos. Hazlo con amor y risas, con un montón de risas.

Todo esto forma parte de la evolución de tu alma. Creo que la época en la que estamos es la más apasionante de vivir. Cada mañana, en cuanto me despierto, le doy las gracias a Dios por el privilegio de estar aquí y vivir todo cuanto me rodea. Confío en que me espera un *buen* futuro.

Doy la bienvenida
a los milagros de mi vida

Entra en mi jardín de la vida y siembra en él nuevas ideas y pensamientos maravillosos y sustentadores. La Vida te ama y desea lo mejor para ti. Desea que goces de paz mental, de alegría interior, de seguridad y de una abundante autoestima y amor por ti. Mereces sentirte a gusto en cualquier ocasión con todo el mundo y ganarte bien la vida. Deja que te ayude a sembrar estas ideas en tu nuevo jardín. Aliméntalas y obsérvalas crecer y convertirse en flores y frutos espectaculares que te alimentarán y sustentarán a su vez toda tu vida.

Bendigo mi ira con amor

Hace un tiempo, me estuvo doliendo el hombro uno o dos días. Intenté ignorar el dolor, pero no se iba. Al final, me senté y me pregunté: «¿Qué es lo que me está pasando en esta parte del cuerpo? ¿Qué es lo que estoy sintiendo?»

Me dije: *La sensación es como de quemazón. Quemazón..., quemazón... Esto significa ira. ¿Con qué estás enojada?*

No se me ocurrió nada, así que me dije: «Veamos si puedo descubrirlo». Coloqué dos almohadas grandes sobre la cama y me puse a golpearlas con todas mis fuerzas.

Después de propinarles 12 golpes, me di cuenta de por qué estaba enfadada. Estaba clarísimo. Así que las golpeé con más fuerza aún, emití varios ruidos para desahogarme y saqué las emociones de mi cuerpo. Cuando acabé, me sentí mucho mejor, y al día siguiente ya no me dolía el hombro.

ME PERMITO EXPRESAR MI IRA

La depresión es ira contenida. También es ira que creemos no tener el derecho a sentir. Por ejemplo, tal vez creamos que no está bien estar enojados con nuestros padres, nuestra pareja, nuestro jefe o nuestro mejor amigo. Pero lo estamos. Y no sabemos qué hacer. La ira se transforma entonces en depresión. En la actualidad, mucha gente sufre con demasiada frecuencia una depresión, incluso una depresión crónica. Una vez se ha manifestado, ya cuesta mucho curarla. Quienes la padecen se sienten tan desesperanzados que hacer cualquier cosa les exige un esfuerzo colosal.

No me importa lo espiritual que seas, lo que está claro es que tienes que lavar los platos sucios cada cierto tiempo. No puedes dejar que se vayan amontonando en la pileta de la cocina y decir: «¡Es que soy una persona metafísica!» Con los sentimientos ocurre lo mismo; si quieres que tu mente fluya libremente, tienes que lavar tus platos mentales sucios. Una de las mejores formas de hacerlo es permitirte expresar parte de tu ira para no sentirte tan deprimido.

AHORA LLEGAN A MI VIDA
EXPERIENCIAS NUEVAS Y MARAVILLOSAS

El pasado no tiene poder alguno sobre mí porque estoy dispuesto a aprender y cambiar. Veo que el pasado ha sido necesario para llevarme adonde estoy ahora. Estoy dispuesto a empezar desde donde estoy ahora a limpiar las habitaciones de mi casa mental. Como sé que no importa por dónde empiece, empezaré por las habitaciones más pequeñas y fáciles, así veré los resultados rápidamente.

Les cierro la puerta a las antiguas heridas emocionales y a mi negativa a perdonar por creerme superior moralmente a los demás. Visualizo un torrente ante mí y me imagino que arrojo mis vivencias dolorosas del pasado al torrente y que empiezan a dispersarse y alejarse río abajo hasta disolverse y desaparecer. Soy capaz de dejarlas ir. Ahora soy libre de crear experiencias nuevas.

Cambio mis pensamientos con amor

A todos nos cuesta perdonar. Llevamos muchos años encerrados tras los muros que hemos levantado a nuestro alrededor. Tómame de la mano y empecemos juntos a trabajar en perdonarte a ti mismo.

1. Pon una música que te sosiegue. Coge el diario y un bolígrafo y deja que te venga a la cabeza cualquier cosa.

2. Retrocede al pasado y piensa en los incidentes que te hicieron enojar contigo mismo. Escríbelos. Quizá descubras que nunca te has perdonado por las humillaciones sufridas en la infancia. ¡Cuánto tiempo cargando con ese peso en tu conciencia!

3. Cuando tengas la lista, escribe una afirmación positiva por cada incidente. Si has escrito: *Nunca me perdonaré por [incidente]*, tu afirmación positiva podría ser: *Este es un momento nuevo. Soy libre de dejarlo atrás.* A menudo nos exigimos ser perfectos y somos más implacables con nosotros mismos que con cualquier otra persona. Ha llegado el momento de superar esta antigua actitud. Perdónate. Deja de aferrarte a las vivencias del pasado. Permítete ser espontáneo y libre.

Deja ahora el diario a un lado y sal al aire libre —a la playa, a un parque o incluso a un solar vacío— y echa a correr. No hagas simplemente *jogging*, corre a toda velocidad, de forma desenfrenada y libre. Da volteretas. ¡Salta en medio de la calle y ríete mientras lo haces! Saca contigo a tu niño interior y pasáoslo en grande. ¿Y si alguien te ve? ¡Qué más da, siéntete libre!

LA VIDA ES UN DELEITE Y ESTÁ LLENA DE AMOR

Estas son algunas de las creencias que te ayudarán realmente en tu vida si piensas en ellas o las repites a diario:

Siempre estoy a salvo.
Todo cuanto necesito saber se me revelará.
Todo cuanto necesito me llegará
en el momento y el lugar perfectos.
La Vida es una delicia y está llena de amor.
Progreso allí donde voy.
Estoy dispuesto a cambiar y crecer.
Todo está bien en mi mundo.

Siempre me están ocurriendo cosas buenas

Debemos aprender a ser buenos con nosotros mismos en nuestra mente. Dejemos de odiarnos por tener pensamientos negativos. Podemos ver nuestros pensamientos como elementos *constructivos* en lugar de *machacarnos* con ellos. Dejemos de culparnos por nuestras experiencias negativas. Aprendamos de ellas. Ser buenos con nosotros mismos significa dejar de acusarnos, de sentirnos culpables, de castigarnos y de sufrir.

La relajación también es muy útil. Es absolutamente esencial para conectar con el Poder de nuestro interior, porque si estás tenso y asustado, tu energía se bloquea. Solo te tomará varios minutos al día dejar que el cuerpo y la mente dejen de aferrarse a las cosas y se relajen. En cualquier momento del día puedes respirar hondo varias veces, cerrar los ojos y soltar cualquier clase de tensión que acarrees. Mientras exhalas, céntrate y di en silencio: *Te quiero. Todo está bien.* Advertirás que te sientes mucho más tranquilo. Estás construyendo mensajes que te dicen que no es necesario que vayas por la vida tenso y asustado todo el tiempo.

MEREZCO SER AMADO

No tienes por qué ganarte el amor, al igual que el aire que respiras. Tienes el derecho a respirar... porque existes. Tienes el derecho a que te amen... porque existes. Es lo que necesitas saber. Eres merecedor de tu propio amor. No dejes que las opiniones negativas de la sociedad, o de tus padres o amigos, te hagan creer que no vales lo suficiente. Ser merecedor de amor es la realidad de tu ser. Acéptalo y asúmelo. Cuando eres consciente de ello, descubres que los demás te tratan como a una persona digna de amor.

ME LIBERO Y LIBERO A CUALQUIER PERSONA DE MI VIDA DE LAS ANTIGUAS HERIDAS EMOCIONALES

Afirmaciones para superar los maltratos

*Dejo atrás el pasado y me doy tiempo
para que sane cualquier aspecto de mi vida.
Perdono a los demás, me perdono a mí mismo
y soy libre de amar y disfrutar de la vida.
Ahora empiezo a dejar que mi niño interior
prospere y sepa que lo amo enormemente.
Merezco fijarme unos límites y que me los respeten.
Soy un ser humano valorado.
Siempre me tratan con respeto.
Abandono la necesidad de culpar a cualquiera, incluido a mí.
Me merezco lo mejor en mi vida y ahora acepto lo mejor.
Me libero y libero a cualquier persona de mi vida de las antiguas heridas
emocionales. Elijo ahora abandonar todos los pensamientos
negativos y ver solo mi propia grandeza.*

PERDONARME ME HACE SENTIR LIBRE Y LIVIANO

En la infinitud de la vida en la que estoy
todo es perfecto, pleno y completo.
El cambio es la ley natural de mi vida.
Doy la bienvenida a los cambios. Estoy dispuesto a cambiar.
Elijo cambiar mis pensamientos.
Elijo cambiar las palabras que uso.
Dejo lo antiguo para adoptar lo nuevo sin esfuerzo y con alegría.
Perdonarme me es más fácil de lo que creía.
Perdonarme me hace sentir libre y liviano.
Aprendo dichoso a amarme más y más.
Cuanto más resentimiento abandono,
más amor tengo para expresar.
Cambiar mis pensamientos me hace sentir bien.
Estoy aprendiendo a elegirlos para que
sea un placer vivir el día de hoy.
Todo está bien en mi mundo.

Tengo pensamientos afectuosos y creo la vida que me gusta

«Yo no cambio la vida de nadie. Solo uno puede cambiar su propia vida», afirmó Louise.

«¿Qué haces entonces?», le preguntó Robert Holden.

«Enseño a la gente que la mente es muy creativa y que cuando cambias tu forma de pensar, tu vida cambia.»

«O sea que les enseñas a pensar», concluyó él.

«Hasta que alguien no te muestre la conexión entre tus experiencias externas y tus pensamientos internos, serás una víctima de la vida», le aclaró ella.

«La gente siente como si el mundo estuviera en su contra», observó él.

«El mundo no está en nuestra contra. La verdad es que todos somos merecedores de amor y la Vida nos ama», respondió ella.

«Este conocimiento nos abre a la totalidad de las posibilidades», sugirió él.

«La totalidad de las posibilidades siempre está a nuestro alcance», repuso Louise.

El amor siempre disipa el dolor

Mi Yo Superior me muestra cómo llevar una vida libre de sufrimiento. Estoy aprendiendo a responder al dolor como si fuera la alarma de un despertador indicándome que despierte a mi sabiduría interior. Si siento dolor, empiezo de inmediato el trabajo mental. Suelo reemplazar la palabra dolor *por la palabra* sensación. *Mi cuerpo está teniendo muchas «sensaciones». Este pequeño cambio lingüístico me ayuda a centrar mi conciencia en la curación, lo cual me ayuda a sanar mucho más deprisa. Sé que, a medida que cambio solo un poco mi mente, mi cuerpo también cambia hacia la misma dirección. Amo mi cuerpo y amo mi mente, y agradezco la estrecha conexión que mantienen.*

La vida me apoya
de cualquier forma posible

Depender enormemente de algo exterior es una adicción. Podemos estar enganchados a las drogas y al alcohol, al sexo y al tabaco. Y también podemos estarlo a culpar a los demás, a las enfermedades, a las deudas, a ser unas víctimas y a ser rechazados. Sin embargo, podemos superar todo esto. Ser adictos a algo es renunciar a nuestro poder a causa de una droga o un hábito. Pero siempre podemos recuperarlo. ¡Este es el momento de recuperar nuestro poder!

Elijo adquirir el hábito positivo de saber que la Vida está siempre a mi lado apoyándome. Estoy dispuesto a perdonarme y a seguir adelante. Tengo un espíritu eterno que siempre ha estado conmigo, y ahora también lo está. Me relajo, los dejo ir y me acuerdo de respirar mientras abandono antiguos hábitos y adquiero otros positivos.

5 DE AGOSTO

Aprecio mis momentos de meditación

Algunas personas creen que si meditan tienen que obligar a su mente a dejar de pensar. No podemos detener la mente, pero podemos hacer que los pensamientos que nos vienen a la cabeza discurran más despacio y dejar que se vayan. Hay quienes se sientan a meditar equipados con una hoja de papel y un lápiz y escriben sus pensamientos negativos porque les parece que al escribirlos se van con más facilidad. Si entramos en un estado en el que observamos nuestros pensamientos flotando en nuestra mente —*¡Vaya, hay un pensamiento de miedo, y también de ira, ahora llega uno de amor, y ahora uno catastrofista, este otro es de desamparo, y ese, de alegría!*— y no les damos importancia, empezaremos a usar nuestro tremendo poder sabiamente.

Puedes empezar a meditar en cualquier parte y adquirir esta costumbre. Considera la meditación como centrarte en tu Poder Superior. Conectas contigo mismo y con tu sabiduría interior. Medita de la forma que más te guste. Algunas personas entran en una especie de meditación mientras hacen *jogging* o caminan. No creas que meditar de otra forma distinta de la habitual es incorrecto. A mí me encanta arrodillarme en el huerto y cavar la tierra. Para mí es una meditación estupenda.

Elijo mis pensamientos y cambio mi vida

Somos luz. Somos Espíritu. Somos maravillosos, unos seres competentes, todos. Y ya es hora de reconocer que creamos nuestra propia realidad. La creamos con nuestra mente. Si queremos cambiar nuestra realidad, ha llegado el momento de cambiar nuestra mente. Lo lograremos al elegir pensar y hablar de formas nuevas y positivas.

Hace mucho aprendí que, si cambiaba mis pensamientos, podía cambiar mi vida. Cambiar nuestros pensamientos es realmente desprendernos de nuestras limitaciones. A medida que las dejamos atrás, empezamos a advertir a nuestro alrededor la infinitud de la vida. Empezamos a entender que ya somos perfectos, plenos y completos. Cada día nos es más fácil hacerlo.

Lo Divino me guía
y protege en todo momento

Afirmaciones para el bienestar espiritual

El Poder que creó el mundo palpita en mi corazón.
Tengo una fuerte conexión espiritual.
La Vida me apoya a cada paso.
Me siento uno con toda la Vida.
Creo en un Dios amoroso.
Confío en que la Vida me apoya.
Tengo un ángel de la guarda especial.
Lo Divino me guía y protege en todo momento.
Siempre estoy progresando en el camino del crecimiento espiritual.
Estoy conectado con la Sabiduría Divina.

Soy yo, un ser perfecto

Creo que en cada vida, antes de nacer, elegimos nuestro país, el color de nuestra piel, nuestra sexualidad y la pareja perfecta de padres que mejor reflejen las pautas con las que hemos decidido trabajar en esta vida. En cada vida en la que me reencarno, por lo visto, elijo una distinta sexualidad. Algunas veces soy un hombre; en otras, una mujer. En algunas ocasiones soy heterosexual; en otras, homosexual. Cada forma de sexualidad tiene sus propios aspectos de realización y sus retos. Algunas veces la sociedad aprueba mi sexualidad, y otras no. Sin embargo, siempre soy yo, un ser perfecto, pleno y completo. Mi alma no tiene sexualidad. Es solo mi personalidad la que la tiene. Amo y aprecio cada parte de mi cuerpo, incluidos los genitales.

El amor está en todas partes, y soy afectuoso y merecedor de amor

El Poder del Universo nunca nos juzga ni nos critica. Se limita a aceptarnos por lo que valemos y a reflejar las creencias que tenemos en nuestra vida. Si quiero creer que la vida es solitaria y que nadie me ama, eso es lo que encontraré en mi mundo.

Sin embargo, si estoy dispuesto a abandonar esa creencia y a afirmar que *el amor está en todas partes, y que soy capaz de amar y digno de amor,* y creo en esta nueva afirmación y la repito a menudo, se hará realidad para mí. En mi vida aparecerán personas afectuosas, las que ya forman parte de ella me demostrarán más amor y me descubriré expresando sin esfuerzo alguno amor a los demás.

El amor es mi maestro

Creo que hemos venido a este mundo para alcanzar la meta del amor incondicional. Y el primer paso para lograrlo es aceptarnos y amarnos a nosotros mismos.

No has venido aquí para complacer a otros o llevar la vida que quieren que lleves. Solo puedes vivir a tu manera y recorrer tu propio camino. Has venido a este mundo para realizarte y expresar amor al nivel más profundo. Estás aquí para aprender, crecer, asimilar y proyectar compasión y comprensión. Cuando abandones el planeta no te llevarás contigo a tu pareja, tu coche, tu cuenta bancaria o tu trabajo. ¡Lo único que te llevarás es tu capacidad para amar!

Cada relación es un espejo

Las relaciones son un espejo que nos reflejan. Aquello que atraemos refleja las creencias que tenemos sobre las relaciones o nuestras propias cualidades. Lo que nos desagrada de nuestros amigos refleja lo que nosotros hacemos o aquello que creemos. No atraeríamos a esta clase de personas en nuestra vida si su forma de ser no complementara de algún modo la nuestra.

Cuando el vínculo entre amigos se resiente, podemos observar los mensajes negativos que recibimos en la infancia para entender por qué ha ocurrido. Por ejemplo, si tenemos un amigo en el que nunca podemos confiar y que siempre nos defrauda, tenemos que mirar en nuestro interior. Tenemos que descubrir en qué sentido los demás no pueden confiar en nosotros y cuándo les defraudamos. En tal caso, deberemos limpiar nuestra casa mental, eliminar los mensajes negativos y aprender a aceptarnos a nosotros mismos para ser capaces de aceptar a los demás.

Cada vivencia es perfecta para mi crecimiento interior

Nadie quiere sufrir, pero si te ha ocurrido en la vida, ¿qué puedes aprender de ello? ¿De dónde viene el sufrimiento? ¿Qué está intentando decirte? Afirmemos: *Amo mi cuerpo. Mi cuerpo recupera la salud óptima al darle lo que necesita en cualquier aspecto.*

1. Cuando sientas dolor o malestar, tómate un tiempo para calmarte. Confía en que tu Poder Superior te hará saber lo que necesitas cambiar en tu vida para que el dolor desaparezca.

2. Visualiza un entorno natural perfecto con tus flores preferidas creciendo en abundancia a tu alrededor. Siente y aspira el aire fragante y cálido de la brisa acariciándote la cara. Concéntrate en relajar cada músculo de tu cuerpo.

3. Hazte estas preguntas: *¿Cómo estoy contribuyendo a este problema? ¿Qué es lo que necesito saber? ¿Qué áreas de mi vida necesito cambiar?* Reflexiona sobre estas preguntas y deja que surjan las respuestas en tu interior. Escribe las respuestas en tu diario.

4. Elige una de las respuestas que has recibido en el paso 3 y escribe un plan de acción del que puedas hoy ocuparte.

Ayudo a crear un mundo donde es seguro amarnos los unos a lo otros

Podemos ayudar a crear un mundo donde es seguro amarnos los unos a los otros, donde nos amen y acepten exactamente como somos. Es algo que todos queríamos de niños, que nos amasen y aceptasen exactamente como éramos. Y no cuando fuéramos más altos, más brillantes, más guapos o más como nuestro primo, nuestra hermana o como el vecino de la acera de enfrente. Queríamos que nos amaran y aceptaran exactamente como éramos.

En la adultez seguimos deseando lo mismo, que nos amen y acepten exactamente como somos ahora. Pero no lograremos que los demás lo hagan a no ser que nosotros nos amemos y aceptemos antes. Cuando nos amamos a nosotros mismos, nos es más fácil amar a los demás. Cuando nos amamos a nosotros mismos no nos hacemos daño ni se lo hacemos a otros. Dejamos atrás los prejuicios y las creencias sobre que un grupo o el otro no es lo bastante bueno. Cuando comprendemos lo increíblemente maravillosos que somos tenemos la solución para que reine la paz en el mundo, un mundo donde es seguro amarnos los unos a los otros.

La prosperidad es mi derecho divino

Afirmaciones para la prosperidad

La prosperidad es mi derecho Divino.
Cada día soy más consciente de la abundancia,
y esto se refleja constantemente en mi mayor salario.
Mis bienes me llegan de todas partes y de todo el mundo.
Me merezco la abundante prosperidad
fluyendo por mi vida y la acepto gustoso.
Ahora adquiero una nueva conciencia del éxito
a medida que cambio mi forma de verlo.
Sé que puedo ser tan exitoso
como mi mente crea.
Me alegro del éxito ajeno,
sé que hay prosperidad de sobras para todos.
Todas mis necesidades y deseos son satisfechos sin pedirlo siquiera.
Atraigo toda clase de prosperidad sin esfuerzo alguno.

Hoy al despertar
apreciaré todo cuanto me rodea

Cuando te levantes de la cama, es importante hacer un ritual que te guste y decirte algo que te haga sentir bien. Haz que hoy sea el mejor día posible para ti. Afirma: *Hoy estoy creando un día maravilloso y un futuro maravilloso.*

1. Al despertar por la mañana y abrir los ojos, repite estas afirmaciones: *Buenos días, cama. Gracias por ser tan cómoda. Te quiero. Agradezco el día que me espera. Todo está bien. Hoy tengo tiempo para todo cuanto necesito realizar.*

2. Tómate varios minutos más para relajarte y deja que estas afirmaciones fluyan por tu mente, y luego siéntelas en el corazón y en el resto de tu cuerpo.

3. Cuando estés listo para levantarte de la cama, dirígete al espejo del cuarto de baño. Mírate profundamente a los ojos. Sonríele a la persona maravillosa, feliz y relajada que eres, ¡que te está mirando a su vez!

4. Mientras te miras al espejo, repite estas afirmaciones: *Buenos días [Nombre]. Te quiero. Te quiero de verdad. Hoy nos esperan grandes experiencias.* Y luego dite algo bonito como: *¡Vaya, hoy tienes un aspecto fabuloso! ¡Qué sonrisa tan encantadora! Te deseo que pases un día fantástico.*

Amo y cuido a mi niño interior

Hasta que no amemos y aceptemos al niño perdido que llevamos dentro, no podremos amar y aceptar a los demás. ¿Cuántos años tiene tu niño perdido interior? ¿Tres, cuatro, cinco? Normalmente suelen tener menos de cinco años, pues a esa edad es cuando los niños se cierran para sobrevivir.

Toma a tu niño interior de la mano y ámale. Crea una vida maravillosa para ti y para él. Dite: «Estoy dispuesto a aprender a amar a mi niño interior. Estoy dispuesto a hacerlo». El Universo te responderá. Descubrirás formas de sanar a tu niño interior y de sanarte a ti. Si deseamos sanar, debemos estar dispuestos a sentir nuestros sentimientos y a superarlos para recuperarnos. No olvides que el Poder Superior siempre está a nuestra disposición para apoyarnos en nuestros esfuerzos.

AVANZO CON SOLTURA
POR EL TIEMPO Y EL ESPACIO

En mí siempre ha habido una vena de tozudez. Incluso en la actualidad, cuando decido hacer un cambio en mi vida, esta tozudez aflora y noto una fuerte resistencia a cambiar mi manera de pensar. Por un tiempo, puedo convertirme en una persona irritada y encerrada en sí misma que se siente superior moralmente a los demás.

Sí, todavía me sigue ocurriendo, pese a llevar todos esos años de trabajo. Es una de las lecciones de la Vida. Pero cuando ahora me ocurre, sé que el cambio que estoy intentando emprender es importante. Cada vez que decido hacer un cambio en mi vida, desprenderme de algo, ahondo incluso más todavía en mí para llevarlo a cabo.

Cada vieja capa de la que me despojo es reemplazada por una nueva forma de pensar. Algunas capas son fáciles de sacar, pero otras son como intentar levantar una roca gigantesca con una pluma. Cuanto más tenazmente me aferro a una antigua creencia al decirme que quiero hacer un cambio en mi vida, más importante sé que es abandonarla. Aprender este tipo de cosas es lo que me permite ser capaz de enseñar a los demás.

Voy a mi interior y conecto con mi Inteligencia Superior

Meditar es el modo de eludir la cháchara de la mente para ir a niveles más profundos y conectar con la sabiduría interior. Vale la pena que nos hagamos un hueco cada día para conectar con la voz interna, para escuchar las respuestas que nos vienen de dentro. De lo contrario, solo estaremos rindiendo de un 5 a un 10 por ciento de lo que realmente somos capaces.

Hay muchos métodos para aprender a meditar. Existen todo tipo de clases donde se enseña meditación y abundan los libros sobre este tema. Meditar puede consistir simplemente en sentarnos en silencio con los ojos cerrados durante un pequeño espacio de tiempo. Recuerda que no es más que conectar con tu guía interior. Aunque siempre estemos conectados con esta Inteligencia Superior a lo largo de la jornada, nos resulta más fácil advertirla cuando nos sentamos en silencio y le prestamos oídos.

Solo creo vivencias felices en mi afectuoso mundo

La presencia de personas, lugares y cosas maravillosos en nuestra vida es excitante. Sin embargo, hay que aclarar que todo esto no es lo que «nos hace felices». Solo nosotros mismos podemos «hacernos felices». Somos nosotros los que tenemos pensamientos que generan paz y felicidad. Nunca pongas tu felicidad en manos de una persona o de algo externo. Hazte feliz y te llegarán en abundancia todo tipo de cosas buenas en la vida.

Soy uno con el poder que me creó

Hay un Poder Único Infinito en el Universo, y este Poder se encuentra donde estoy ahora. No estoy perdido, solo ni abandonado, ni tampoco indefenso. Soy uno con el Poder que me creó. Si hay alguna creencia en mí que niegue esta verdad, la abandono ahora mismo. Sé que soy una magnífica expresión Divina de la Vida. Soy uno con la Sabiduría, el Amor y la Creatividad Infinitos. Soy un ejemplo de una salud y energía excelentes. Amo y soy amado. Gozo de paz interior. Este día es una expresión magnífica de la Vida. Todas *mis vivencias son felices y afectuosas. Agradezco con amor Divino mi cuerpo, mis mascotas, mi hogar, mi trabajo y cada persona con la que entre hoy en contacto. ¡Este es un gran día y me alegro! ¡Y así es!*

21 DE AGOSTO

Soy un imán para los milagros

Hoy me ocurrirán cosas positivas e inesperadas que me sorprenderán. Soy mucho más que unas simples reglas y regulaciones, que meras restricciones y limitaciones. Cambio mi conciencia, perdono a quienes necesito perdonar y dejo que se den milagros sanadores en mi vida.

En cada centro médico hay profesionales de la salud iluminados que siguen un camino espiritual. Atraigo ahora a esas personas esté donde esté. Mi ambiente mental de amor, aceptación y perdón es un imán que atrae pequeños milagros a cada momento del día. Dondequiera que esté, se da un ambiente curativo que nos bendice y me da paz a mí y a las personas de mi entorno.

EL AMOR DEL UNIVERSO
RESIDE EN MÍ Y ME RODEA

Me siento estable y seguro cuando conecto con la Inteligencia Única Infinita, el Poder Eterno que me creó a mí y a todo cuanto existe en el Universo. Siento este Poder en mi interior. Cada nervio y célula de mi cuerpo reconoce este Poder como bueno. La realidad de mi ser siempre está conectada con el Poder que me creó, a pesar de lo que afirme cualquier religión. El salvador de mi vida está en mí. A medida que me acepto y sé que valgo de sobra, me abro al poder curativo de mi propio amor. El amor del Universo reside en mí y me rodea. Merezco su amor. El amor fluye ahora por mi vida. Busca un concepto de Dios que te apoye.

AMAR A LOS DEMÁS ME RESULTA FÁCIL CUANDO ME AMO Y ME ACEPTO

Todo el trabajo importante que hacemos está relacionado con nosotros mismos. Querer que tu pareja cambie es una forma sutil de manipularla, el deseo de tener poder sobre ella. Incluso puede deberse a creerte superior moralmente, porque le estás diciendo que tú eres mejor que ella. Deja que tu pareja en la vida sea como elija ser. Anímala a explorarse, descubrirse, amarse, aceptarse y valorarse.

Me elogio por todo lo importante y lo trivial que he hecho

Hoy aprenderás a dejar atrás la costumbre de juzgarte y criticarte, y a superar la necesidad de menospreciarte.

1. Escribe una lista con cinco cosas por las que te critiques.
2. Repasa la lista y al lado de cada una escribe la fecha en la que empezaste a criticarte por ello. Si no te acuerdas, escribe la fecha aproximada.
3. ¿Te sorprende el montón de tiempo que llevas metiéndote contigo mismo? La costumbre de criticarte no ha producido ningún cambio positivo, ¿verdad? ¡Las críticas no funcionan! Solo te hacen sentir fatal. Así que decide dejar de hacerlo.
4. Transforma cada una de las cinco críticas de la lista en afirmaciones positivas.

Estoy aprendiendo a ser cada día más creativo

Si hablas de lo torpe que eres o si tienes esta imagen de ti, nunca podrás expresarte creativamente. Si dices: «No soy una persona creativa», esta afirmación se hará realidad para ti mientras sigas usándola. Por ti circula una energía creativa, y si dejas que salga al exterior, te sorprenderá y deleitará. Estás conectado con el fluir creativo de energía del Universo. Algunas personas se expresan con más creatividad que otras, pero todos podemos ser creativos.

Creamos nuestra vida cada día. Cada uno tenemos habilidades y talentos únicos. Por desgracia, algunos adultos bienintencionados que había en nuestro entorno nos reprimieron a muchos de nosotros la creatividad en la infancia. Yo tuve una profesora que me dijo que no podía bailar porque era demasiado alta. A un amigo mío le dijeron que no podía dibujar por haber dibujado un árbol distinto al que le habían pedido. ¡Qué estupidez! Pero éramos niños obedientes y nos creímos los mensajes. Ahora podemos dejarlos atrás.

LA FINALIDAD DE MI TRABAJO ES EXPRESAR A DIOS

El trabajo al que me dedico es para expresar a Dios. Me alegro de tener este empleo. Agradezco cada oportunidad para demostrar el poder de la Inteligencia Divina de actuar a través de mí. Cuando afronto un reto, sé que es una oportunidad de Dios, mi patrón, y silencio mi intelecto, voy a mi interior y aguardo a que mi mente se llene de palabras positivas. Acepto estas benditas revelaciones con alegría, y sé que me merezco mi justa recompensa por un trabajo bien hecho.

A cambio de este estimulante empleo, me siento compensado con creces. Mis compañeros de trabajo —la humanidad entera— son poderosos trabajadores que se muestran colaboradores, afectuosos, alegres y apasionados en el campo del desarrollo espiritual, tanto si eligen ser conscientes o no de ello. Les considero expresiones perfectas de Una Sola Mente entregados diligentemente a sus trabajos. Al trabajar para este Jefe de Operaciones, el Presidente del Consejo —invisible, aunque siempre presente—, sé que mi actividad creativa fomenta la abundancia económica, ya que el trabajo de expresar a Dios siempre es recompensado.

LES DESEO PROSPERIDAD Y FELICIDAD A TODAS LAS PERSONAS DEL MUNDO, Y ELLAS TAMBIÉN ME LO DESEAN A MÍ

Tu conciencia de la prosperidad no depende del dinero, es el flujo de dinero el que depende de tu conciencia de la prosperidad. A medida que puedas concebir más abundancia, más te llegará a tu vida.

Me encanta la visualización de imaginarme de pie en la playa contemplando un océano inmenso, sabiendo que este océano es la abundancia que todos tenemos a nuestra disposición. Mírate las manos y averigua qué clase de recipiente sostienes. ¿Es una cucharilla, un dedal agujereado, un vaso de papel, una taza, un vaso, una jarra, un cubo, una bañera de bebé, o quizá dispones de una tubería que te conecta a este océano de la abundancia? Echa un vistazo a tu alrededor y advierte que por más personas que haya, y sean cuales sean los recipientes que tengan, hay de sobra para todos. Tú no puedes quitarles la abundancia a otros, y ellos tampoco te la pueden quitar a ti, al igual que no puedes vaciar el océano y dejarlo seco. Tu recipiente es tu conciencia, y siempre puedes reemplazarla por uno mayor. Haz este ejercicio a menudo para experimentar una sensación de expansión y de una fuente inagotable.

VEO AL PLANETA RENOVADO Y COMPLETO

Únete a mí mientras nos vemos a nosotros mismos y al planeta de formas nuevas y poderosas.

Visualiza un mundo donde todo el mundo tiene dignidad, donde todo el mundo, independientemente de su raza o su nacionalidad, se siente empoderado y seguro.

Imagínate a los niños de todas partes del mundo siendo queridos y valorados mientras desaparece cualquier clase de maltrato infantil. Imagínate los colegios empleando su valioso tiempo para enseñarles a los alumnos cosas importantes como a amarse a sí mismos, a tener buenas relaciones, a ser padres, a manejar el dinero y a gozar de estabilidad económica.

Imagínate que los enfermos recuperan la salud, que las enfermedades se convierten cosa del pasado conforme los médicos aprenden a hacer que sus pacientes gocen de salud y vitalidad.

Imagínate, en cualquier parte del mundo, a todas las personas disfrutando de paz y de abundancia, viviendo en armonía las unas con las otras. Mientras deponemos las armas y abrimos nuestro corazón, imagínate que los juicios, las críticas y los prejuicios se vuelven obsoletos y desaparecen.

Visualiza al planeta, nuestra Madre Tierra, renovado y completo; imagínate que los desastres naturales desaparecen mientras la Tierra respira aliviada, y que reina la paz en el mundo.

Piensa en otros cambios positivos que te gustaría que ocurrieran en este planeta. Mientras retienes estas ideas en la mente y te las imaginas, estás ayudando a crear este nuevo mundo seguro y afectuoso.

Siempre estamos a salvo, no es más que un cambio

Querido lector:

Aquí tienes algunos pensamientos míos sobre el proceso natural, y absolutamente normal, de abandonar el planeta, un proceso que todos atravesaremos. Cuanto más serenos afrontemos esta experiencia, más fácil nos será vivirla. Esto es lo que sé:

Siempre estamos a salvo.
No es más que un cambio.
Desde el instante en que nacemos, nos estamos
preparando para disolvernos en la Luz de nuevo.
Procura estar lo más sereno posible.
Los ángeles te rodean.
Te están guiando a cada paso del camino.
Sea cual sea la partida que elijas, será perfecta para ti.
Todo ocurrirá en el momento y el lugar perfectos.
Es un momento para ser feliz y alegrarse.
Estás de camino a casa, como todos lo estamos.

ESTOY REALIZANDO UN VIAJE INTERMINABLE POR LA ETERNIDAD

En la infinitud de la vida en la que estoy, todo es perfecto, pleno y completo. El ciclo de la Vida también es perfecto, pleno y completo. Hay un tiempo para comenzar, un tiempo para crecer, un tiempo para existir, un tiempo para debilitarse o deteriorarse y un tiempo para partir. Todas estas etapas forman parte de la perfección de la Vida. Las percibimos como normales y naturales, y aunque en algunas ocasiones nos entristezcan, aceptamos el ciclo y los ritmos de la Vida.

A veces una vida termina abruptamente en la mitad del ciclo. El incidente nos impacta y nos sentimos amenazados. Alguien ha muerto prematuramente siendo demasiado joven, o algo ha quedado destrozado y roto para siempre. Con frecuencia, los pensamientos dolorosos nos recuerdan nuestra mortalidad, nuestro ciclo también tocará a su fin un día. ¿Lo viviremos por completo o también nos iremos prematuramente de este mundo?

La Vida siempre está cambiando. No hay un comienzo y un final, solo un ciclo y otro ciclo de sustancias y experiencias. La Vida nunca es fija, estática o vieja, cada momento es siempre nuevo y fresco. Cada final es un nuevo comienzo.

Confío en que mi cuerpo me guíe

Las siguientes afirmaciones son una forma estupenda de hacer saber a tu cuerpo que le estás escuchando. Repítelas en el trabajo con el espejo y a lo largo del día:

Escucho con amor los mensajes de mi cuerpo.
Confío en que mi cuerpo me guíe.
Aprecio la sabiduría de mi cuerpo.
Es seguro escuchar a mi cuerpo y mi intuición.
La Vida me ama. Mi cuerpo me ama.
Siempre me guían y protegen.
Sé lo que es verdad para mí.
Reconozco mi auténtica valía personal.
Me nutro al tener ideas nuevas.
La Vida me proporciona todo cuanto necesito.
Hola, cuerpo, podemos cambiar. Quiero
escucharte, seamos amigos. Quiero amarte.

1 DE SEPTIEMBRE

ESTE ES UN NUEVO DÍA Y SOY UN NUEVO YO

*En la infinitud de la vida en la que estoy
todo es perfecto, pleno y completo. Mi vida siempre es nueva.
Cada momento de mi vida es nuevo, fresco y vital.
Uso mis pensamientos afirmativos para crear exactamente lo que quiero.
Este es un nuevo día. Soy un nuevo yo.
Pienso de distinta forma. Hablo de distinta forma.
Actúo de distinta forma. Los demás me tratan de distinta forma.
Mi nuevo mundo refleja mi nueva manera de pensar.
Es una alegría y una delicia sembrar nuevas semillas,
porque sé que se convertirán en vivencias nuevas.
Todo está bien en mi mundo.*

Mi mejor relación
es la que mantengo conmigo mismo

Las relaciones son maravillosas, los matrimonios son maravillosos, pero son temporales, llega un día en que terminan. En cambio, la persona que soy siempre estará conmigo. Mi relación conmigo mismo es eterna, por eso soy mi mejor amigo. Paso un rato cada día conectando con mi corazón. Me aquieto y siento mi amor por mí fluyendo a través de mi cuerpo, disolviendo los miedos y la culpabilidad. Siento literalmente cada una de mis células empapada de amor. Sé que siempre estoy conectado con el Universo que me ama a mí y a cualquier otro ser incondicionalmente. Este Universo que ama sin condiciones es el Poder que me creó, y siempre está aquí para mí. A medida que creo un lugar seguro en mí para el amor, atraigo a personas afectuosas y vivencias afectuosas. Ha llegado el momento de dejar atrás mis «conceptos» de cómo se supone que son las relaciones.

Fluyo con la vida

El Espíritu te está guiando Divinamente todo el tiempo. Ten en cuenta que el Espíritu nunca comete errores. Cuando sientas el fuerte deseo en tu interior de expresar o crear algo, sé consciente de que esta sensación es descontento Divino. Tu anhelo es tu vocación y, sea el que sea, si te dejas llevar por él, el Espíritu te guiará y protegerá, y tendrás el éxito asegurado. Cuando se te presente ante ti un objetivo o un camino, puedes confiar y fluir con la situación o quedarte bloqueado por el miedo. Confía en que el secreto está en la perfección que reside en ti. ¡Sé que intimida! A todos nos da miedo algo, pero puedes hacerlo de todos modos. Recuerda que el Universo te ama y quiere que triunfes en todo lo que emprendas.

Te estás expresando creativamente a cada momento de cada día. Estás siendo tú a tu única manera. Ahora que eres consciente de ello, puedes abandonar cualquier creencia mental falsa acerca de que no eres creativo y seguir adelante con cada proyecto que se te ocurra.

Vivo en un universo abundante

La búsqueda de dinero debe contribuir a la calidad de nuestra vida. Si no es así —es decir, si detestamos nuestro medio de vida—, el dinero de nada nos servirá. La prosperidad implica tanto la calidad de nuestra vida como cualquier cantidad de dinero que poseamos.

La prosperidad no consiste solo en tener dinero; también incluye gozar de tiempo, amor, éxito, alegría, comodidad, belleza y sabiduría. Por ejemplo, podemos ser pobres en cuestiones de tiempo. Si nos sentimos apresurados, presionados y apurados, significa que andamos escasos de tiempo. Pero si creemos tener todo el tiempo que necesitamos para acabar cualquier tarea que tengamos entre manos, si estamos seguros de poder terminar cualquier trabajo, en este caso somos ricos en lo que se refiere al tiempo.

Ten en cuenta que, sean cuales sean tus convicciones, las puedes cambiar en este mismo momento. El Poder que te creó te ha dado el poder para crear tus propias experiencias. ¡Puedes cambiar!

Tengo todo el tiempo del mundo

El tiempo es exactamente lo que yo hago que sea. Si elijo sentirme apurada, el tiempo se acelera y no tengo suficiente. Si elijo creer que siempre tengo tiempo para hacer todo cuanto deseo, el tiempo transcurre más despacio y realizo todo lo que me propongo. Si me encuentro en un atasco de tráfico, inmediatamente afirmo que todos los conductores estamos procurando hacer todo lo posible para llegar cuanto antes. Respiro hondo, les doy las gracias con amor a los otros conductores y sé que llegaré a mi destino en el momento perfecto.

Cuando logro ver la perfección de cada experiencia, nunca tengo prisa ni me retraso. Estamos en el lugar adecuado en el momento oportuno, y todo está bien.

Me merezco gozar de abundancia

Todos podemos dar una serie de pasos para abandonar los hábitos relacionados con una precaria salud económica. En primer lugar, céntrate en sentirte lo bastante merecedor y valioso como para gozar de abundancia. Así invitarás y recibirás más prosperidad en tu vida. También puedes repetir afirmaciones como las siguientes:

Acepto agradecido todo lo bueno que hay ahora en mi vida.
La Vida me ama y me proporciona todo cuanto necesito.
Confío en que la Vida cuida de mí.
Me merezco disfrutar de abundancia.
La Vida siempre me da lo que necesito.
La abundancia fluye en mi vida de formas sorprendentes cada día.
Mis ingresos están aumentando constantemente.
Progreso allí donde voy.

ENVUELVO TODAS MIS RELACIONES EN UN CÍRCULO DE AMOR

Envuelve a los miembros de tu familia en un círculo de amor, tanto si están vivos como si ya han fallecido. Incluye a los amigos, los seres queridos, tu pareja, todas las personas del trabajo y del pasado, y también a todas las que te gustaría perdonar aunque no sepas cómo hacerlo. Afirma que mantienes relaciones maravillosas y armoniosas con todo el mundo, en las que se da un respeto y un afecto mutuos.

Ten presente que puedes vivir con dignidad, paz y alegría. Deja que este círculo de amor rodee el planeta entero, y que tu corazón se abra para hacer espacio dentro de ti al amor incondicional. Eres merecedor de amor. Eres una persona maravillosa. Eres poderoso. Y así es.

ME LIBERO DEL PASADO Y SOY LIBRE

Sea como sea que haya sido tu infancia temprana —tanto si fue increíble como horrenda—, tú y solo tú eres el que lleva las riendas de tu vida. Puedes pasarte todo el tiempo culpando a tus padres o al entorno de tu temprana infancia, pero todo cuanto conseguirás es quedarte atrapado en los patrones de víctima. Esta actitud nunca te ayudará a llevar la vida feliz que afirmas desear.

El amor es el mejor borrador que conozco. El amor borra incluso los recuerdos más profundos y dolorosos, ya que penetra en nuestro ser con más hondura que cualquier otra cosa. Si tus imágenes mentales del pasado son muy vívidas y no cesas de afirmar: «Fue por su culpa», significa que sigues anclado en el pasado. ¿Quieres sufrir o ser feliz en la vida? Eres tú quien tiene el poder para superar la situación y el que puede elegir una cosa o la otra. Mírate a los ojos, ámate y ama al niño que llevas dentro.

Cada pensamiento
que tengo crea mi futuro

Mi deseo más profundo es que algún día el tema de «Cómo funcionan los pensamientos» sea lo primero que se enseñe en la escuela. Nunca he entendido qué importancia tiene hacer que los niños memoricen las fechas de una serie de batallas. Me parece un gran desperdicio de energía mental. En su lugar, les deberían enseñar temas importantes de la índole de Cómo funciona la mente, Cómo gestionar la economía, Cómo invertir dinero para tener estabilidad económica, Cómo ser un buen progenitor, Cómo entablar unas buenas relaciones y Cómo crear y mantener sentimientos de autoestima y de valía personal.

¿Te imaginas la generación fabulosa de adultos que habríamos sido si en el colegio nos hubieran enseñado todos estos temas además de los otros que figuran en nuestro currículum? Imagínate cómo se manifestarían esas verdades en la vida cotidiana. Seríamos unos seres humanos felices que nos sentiríamos en paz con nosotros mismos. Gozaríamos de una situación económica holgada que enriquecería la economía al invertir sensatamente nuestro dinero. Mantendríamos buenas relaciones con todo el mundo y nos sentiríamos cómodos con el papel de progenitores. Y más tarde, engendraríamos otra generación de seres humanos que se sentirían a gusto consigo mismos. Y, con todo, cada persona seguiría siendo un individuo expresando su propia creatividad.

COMO TENGO EL PODER DE CAMBIAR MIS PENSAMIENTOS, ME CENTRO EN EL AMOR

La vida es en realidad muy sencilla. Recibimos aquello que damos. Cada pensamiento que tenemos está creando nuestro futuro.

No es más que un pensamiento, y los pensamientos se pueden cambiar. Creo que esto también es aplicable a la salud.

Somos nosotros mismos quienes generamos las llamadas «enfermedades» en nuestro cuerpo, y quienes tenemos el poder de cambiar nuestros pensamientos y de hacerlas desaparecer.

Abandonar el resentimiento y los pensamientos negativos ayuda a eliminar incluso las dolencias más «incurables».

Cuando no sepas qué más hacer, céntrate en el amor. Amarte te hace sentir bien, y la buena salud viene en realidad de sentirnos bien.

Cuando nos amamos a nosotros mismos, todos los aspectos de nuestra vida nos van de maravilla, incluida la salud.

11 DE SEPTIEMBRE

ESTOY EN CASA EN EL UNIVERSO

La nueva energía del planeta es el amor. Dedico un rato cada día a abrir mi mente y mi corazón para sentirme unido al resto de la humanidad. Dondequiera que haya nacido o crecido, independientemente de cuál sea el color de mi piel o de la religión que me inculcaron en la infancia, todo y todo el mundo estamos conectados al Poder Único, y a través de él todas nuestras necesidades son satisfechas.

Mantengo una comunicación cálida, afectuosa y abierta con todos los miembros de mi familia terrenal. Con aquellos que ven la vida de una manera tan distinta, con los más jóvenes, los más ancianos, los gais, los heterosexuales, los de distinto color de piel. Soy miembro de la comunidad de la Tierra. Las diferencias de opinión son maravillosas, constituyen unas variopintas diversidades de expresión, y no motivos para escoger un bando o declarar una guerra. Cuando abandono cualquier prejuicio, el planeta entero es bendecido.

Hoy mi corazón se abre un poco más al emprender el trabajo de crear un mundo donde es seguro amarnos los unos a los otros.

ESTOY AQUÍ PARA AMAR EL MUNDO

«Nuestro propósito en la vida es ser un espejo amoroso para el mundo», decía Louise. Cuanto más nos amamos a nosotros mismos, menos proyectamos nuestro dolor al mundo. Cuando dejamos de juzgarnos a nosotros mismos, menos juzgamos a los demás. Cuando dejamos de atacarnos a nosotros mismos, no atacamos a los demás. Cuando dejamos de rechazarnos a nosotros mismos, dejamos de acusar a los demás de hacernos sufrir. Cuando empezamos a amarnos más a nosotros mismos, nos sentimos más felices, y estamos menos a la defensiva y más abiertos. A medida que nos amamos a nosotros mismos, amamos más de forma natural a los demás. «Amarte es el mayor regalo, porque lo que te ofreces a ti lo experimentan los demás», afirmaba Louise.

El amor siempre se comparte. Es un regalo, como la verdadera felicidad y el éxito. Acaba beneficiándote a ti y a los demás. «Cuando pienso en el amor, me gusta visualizarme de pie envuelta en un círculo de luz», señalaba Louise. «Este círculo representa el amor, y me veo rodeada de amor. En cuanto siento este amor en mi corazón y en mi cuerpo, visualizo el círculo expandiéndose para llenar la habitación, y luego cada centímetro cuadrado de mi hogar, y después el vecindario, la ciudad, el país entero y todo el planeta y, por último, el Universo. Esto es el amor para mí. Así es cómo el amor funciona.»

13 DE SEPTIEMBRE

El amor por mí que creo ahora permanece conmigo el resto de mi vida

Es crucial para nuestro bienestar amar y apreciar contantemente a los seres magníficos que somos. Nuestro cuerpo, o la ropa que hemos elegido llevar en esta vida, es una invención maravillosa. Es perfecto para nosotros. La inteligencia que habita en nuestro interior hace palpitar el corazón, le proporciona aire al cuerpo y sabe curar un corte o un hueso roto. Todo el funcionamiento del cuerpo es milagroso. Si honrásemos y apreciásemos cada parte de nuestro cuerpo, nuestra salud mejoraría notablemente.

Si hay alguna parte de tu cuerpo que no te gusta, dedica un mes a ofrecer amor a esa zona. Dile literalmente a tu cuerpo que le amas. Puedes incluso disculparte por haberlo detestado en el pasado. Este ejercicio puede parecer simplista, pero funciona. Ámate por fuera y por dentro.

El amor que creas para ti permanecerá contigo el resto de tu vida. Al igual que aprendimos a detestarnos, también podemos aprender a amarnos. Solo es necesario desearlo y adquirir un poco de práctica en ello.

CUANTO MÁS AMO A MI CUERPO, MÁS SANO ME SIENTO

Afirmaciones para preparar la comida

Planificar comidas saludables es un placer.
Tengo todo cuanto necesito para
preparar platos deliciosos y nutritivos.
Agradezco enormemente elegir
alimentos que me ayudan a estar de lo más sano.
Preparo sin esfuerzo comidas nutritivas y deliciosas.
¡Me encanta pasar tiempo en la cocina!
Valgo el tiempo y el dinero que invierto en mi salud.
Hola, cuerpo, ¿qué nutrientes necesitas hoy?
Me encanta elegir comida que actúa
en armonía contigo, cuerpo.
Tengo la gran suerte de poder
elegir alimentos saludables para mi familia.
A mi familia le encanta comer alimentos saludables.
A los niños les encanta probar platos nuevos.
Estoy aprendiendo recursos nuevos que
sanan mi cuerpo paso a paso.
Cada vez que preparo comida, me nutro
por mi conexión con la naturaleza y otros seres.
Estoy dispuesto a dedicar este tiempo a alimentarme.

Mi niño interior
QUIERE CRECER Y PROSPERAR

Preséntate a tu niño interior. Hazte un hueco en tu agenda para sostenerlo en brazos y hacerle saber lo seguro que está y lo mucho que lo quieres. Estoy muy orgullosa de ti por dar el paso gigantesco de amarte.

1. Busca una foto tuya de una época de la infancia en la que fuiste realmente feliz. Tal vez tienes una que te sacaron en tu fiesta de cumpleaños, o mientras hacías alguna actividad con los amigos o visitabas uno de tus lugares preferidos.
2. Pega la foto en el espejo del cuarto de baño.
3. Háblale a ese niño vital y feliz de la foto. Dile hasta qué punto quieres que se vuelva a sentir así. Cuéntale a tu niño interior tus verdaderos sentimientos y qué es lo que te está impidiendo ser feliz.
4. Repite estas afirmaciones: *Estoy dispuesto a desprenderme de todos mis miedos. Estoy a salvo. Amo a mi niño interior. Soy feliz. Me siento satisfecho. Y soy amado.*
5. Repite estas afirmaciones 10 veces.

Amarme me permite
hacer cambios positivos sin esfuerzo

Dentro de ti hay un poder y una inteligencia increíbles que están respondiendo constantemente a tus pensamientos y palabras. A medida que aprendes a controlar tu mente al elegir tus pensamientos, te alineas con este poder.

No creas que es la mente la que te controla a ti. Eres tú quien controla a tu mente. Úsala. Puedes dejar de tener esos antiguos pensamientos.

Cuando intenten volver a presentarse y decirte: «Cambiar cuesta una barbaridad», controla tu mente. Dile: «Ahora elijo creer que cada vez me es más fácil hacer cambios». Es posible que tengas que mantener esta conversación con tu mente varias veces para acabar reconociendo que eres tú el que llevas las riendas y el que manda en tu vida.

Me amo totalmente en el ahora

Muchas personas crecimos en hogares disfuncionales. Acarreamos un montón de sentimientos negativos sobre quiénes somos y sobre nuestra relación con la vida. Tal vez nos maltrataron en nuestra infancia, y quizás ese maltrato ha continuado en la vida adulta. Cuando vivimos a una edad temprana el miedo y los maltratos, solemos recrear esas vivencias de adultos. Somos implacables con nosotros mismos, creemos que la falta de amor y de afecto en nuestra vida se debe a que no valemos nada, y que nos merecemos esta clase de maltratos. Pero debemos ver que tenemos el poder para cambiar esta situación.

Todo cuanto hemos experimentado en la vida hasta el momento lo hemos creado con nuestros pensamientos y creencias del pasado. Pero no tenemos que avergonzarnos de nuestro pasado, sino verlo como parte de la riqueza y la plenitud de la vida. Sin esta riqueza y plenitud, hoy no estaríamos donde ahora estamos. No hay ninguna razón para machacarnos por no haberlo hecho mejor. Lo hicimos lo mejor que pudimos. Logramos sobrevivir a situaciones espantosas. Ahora podemos dejar atrás el pasado con amor, agradecidos por habernos ofrecido este nuevo conocimiento.

Mi objetivo es amarme hoy más que ayer

El pasado solo existe en nuestra mente y en cómo elegimos verlo en ella. Es ahora cuando estamos sintiendo este momento. Cuando estamos viviendo este momento. Lo que estamos haciendo ahora está asentando las bases para el mañana. Este es el momento de tomar una decisión. No podemos dejarla para mañana ni para ayer. Solo la podemos tomar hoy. Lo que importa es lo que elegimos pensar, creer y decir en este mismo momento.

A medida que aprendemos a amarnos a nosotros mismos y a confiar en el Poder Superior, nos convertimos en cocreadores con el Espíritu Infinito de un mundo afectuoso. Amarnos a nosotros mismos nos permite dejar de ser víctimas para ser ganadores. Nos permite atraer experiencias maravillosas a nuestra vida.

CREO EN EL PODER DEL AMOR

El amor penetra más hondo que la violencia. El amor vive en el corazón de cada ser humano de esta Tierra. Siempre que hay violencia en este mundo, el amor es una energía más profunda que intenta hacerse oír. Estoy aprendiendo a escuchar este grito silencioso en cada noticia violenta. Creo en las herramientas de mi mente, y con estas herramientas me libero con respeto de las ataduras de las vivencias negativas para abrirme a posibilidades nuevas y positivas.

Como a muchas personas no les han enseñado a usar la mente como un instrumento creativo, viven condicionadas por cualquiera de las creencias que les inculcaron en la infancia. Las creencias son poderosísimas. Los seres humanos luchan y matan para justificar y proteger sus creencias. Y, sin embargo, las creencias no son más que pensamientos, y los pensamientos se pueden cambiar.

Me amo, así que dejo de maltratarme a mí mismo o a cualquier otro ser con pensamientos crueles, críticas despiadadas o juicios severos. Me amo, así que dejo de machacarme con mis pensamientos. Me amo, así que dejo de desempeñar el papel de víctima o el de verdugo en el caso de haberlo hecho. Me perdono a mí mismo y perdono a los demás.

ESTOY ABIERTO Y RECEPTIVO A TODO LO BUENO

Ponte de pie con los brazos abiertos y repite: «Estoy abierto y receptivo a todo lo bueno». ¿Qué sientes al decir estas palabras?

Ahora repítelo con más sentimiento mirándote al espejo.

¿Qué has sentido? ¿Te ha producido una sensación liberadora y dichosa? ¿O estás deseando esconderte?

Respira hondo. Vuelve a decir: «Estoy abierto y receptivo a _____ _____ [rellena el espacio en blanco]».

Haz este ejercicio cada mañana. Es un gesto de lo más simbólico que aumentará tu conciencia de la prosperidad y te traerá más cosas buenas en la vida.

Elijo un estilo de vida sereno

Si deseo vivir en un mundo en paz, debo asegurarme de ser una persona pacífica. Sea como sea que los demás se comporten, permanezco sereno en mi corazón. Declaro la paz en medio del caos y la locura. Rodeo de paz y amor todas las situaciones difíciles. Envío pensamientos de paz a todas las partes del mundo donde hay conflictos. Si deseo que el mundo mejore, tengo que cambiar mi forma de verlo. Ahora estoy dispuesto a llevar una vida muy positiva. Sé que la paz empieza con mis propios pensamientos. Cuando tengo pensamientos pacíficos, conecto con otras personas afines a mí de mentalidad pacífica. Juntos contribuiremos a traer paz y abundancia a nuestro mundo.

MI CUERPO ES UN BUEN AMIGO DEL QUE CUIDO CON AFECTO

Me perdono a mí mismo por no haber tratado bien a mi cuerpo en el pasado. Lo hice lo mejor que pude con la comprensión y el conocimiento que tenía en aquella época. Ahora cuido lo bastante de mí como para sustentarme con lo mejor que la Vida tiene para ofrecerme.

Le doy a mi cuerpo lo que necesita en cada aspecto para gozar de una salud óptima. Ingiero alimentos nutritivos con alegría. Tomo una buena cantidad de agua pura de la naturaleza. Estoy buscando continuamente nuevas formas estimulantes de hacer ejercicio. Amo cada parte de mi cuerpo, por dentro y por fuera. Elijo ahora tener pensamientos pacíficos, armoniosos y afectuosos que generan un ambiente interior armonioso para que las células de mi cuerpo vivan en él. Estoy en armonía con cada parte de la vida.

Mi cuerpo es un buen amigo del que cuido con afecto. Me alimento y nutro. Descanso bien. Duermo apaciblemente. Me despierto contento. La Vida es un deleite y disfruto viviéndola. Y así es.

A MEDIDA QUE CAMBIO MIS PENSAMIENTOS, EL MUNDO DE MI ALREDEDOR CAMBIA

Sea cual sea el problema, viene de un patrón mental, ¡y *los patrones mentales se pueden cambiar*!

Aunque los sintamos y percibamos como reales, todos los problemas con los que forcejeamos y que intentamos compaginar con nuestra vida haciendo malabarismos, por más difíciles que sean de manejar, no son sino el resultado exterior o el efecto de patrones mentales interiores.

Si no sabes cuáles son los pensamientos que están creando tus problemas, ahora lo podrás descubrir, ya que este libro está pensado para ayudarte a averiguarlo. Observa los problemas de tu vida. Pregúntate: «¿Qué clase de pensamientos estoy teniendo que han creado esto?»

Si te sientas en quietud y te formulas esta pregunta, tu Inteligencia interior te mostrará la respuesta.

ABRO NUEVAS PUERTAS DE LA VIDA

Estás plantado en el corredor de la vida y a tus espaldas se han cerrado muchas puertas. Estas puertas representan lo que ya no haces, dices o piensas, experiencias que ya no vivirás. Enfrente te espera un corredor interminable lleno de puertas, cada una de las cuales da a una experiencia nueva.

A medida que avanzas, visualízate abriendo puertas que dan a experiencias maravillosas que te gustaría vivir. Imagínate abriendo puertas de alegría, paz, curación, prosperidad y amor. Puertas de comprensión, compasión y perdón. Puertas de libertad. Puertas de autoestima y valía personal. Puertas de amor por uno mismo. Todas te están aguardando. ¿Qué puerta abrirás primero?

Confía en que tu guía interior te está dirigiendo de las formas más convenientes para ti y que tu crecimiento espiritual no cesa de aumentar. Sea cual sea la puerta que se abra o se cierre en tu vida, siempre estás a salvo.

ME SIENTO LLENO EN TODAS LAS ÁREAS DE MI VIDA

Aprende a recibir agradecido. Aprende a aceptar, porque el Universo no solo percibe nuestra disposición a recibir como un próspero intercambio, sino como algo más. Buena parte de nuestros problemas proceden de nuestra incapacidad para recibir. Damos, pero recibir nos cuesta.

Cuando alguien te haga un regalo, sonríe y dale las gracias. Si le respondes: «¡Vaya, es la talla equivocada!» o «No es el color que me gusta», te garantizo que no te volverá a regalar nada nunca más. Acéptalo con gratitud, y si no es el regalo adecuado para ti, dáselo a otra persona que pueda usarlo.

La cuestión es que, si agradecemos lo que tenemos, atraeremos más cosas buenas a nuestra vida. Pero si nos fijamos en lo que nos falta, atraeremos más de lo mismo. Si hemos contraído una deuda, debemos perdonarnos a nosotros mismos en lugar de machacarnos. Tenemos que centrarnos mediante afirmaciones y visualizaciones en que pagaremos la deuda.

Conecto con mis tesoros interiores

Ve a tu interior y cambia tu forma de pensar. Conecta con tus tesoros interiores y sácales partido. Cuando conectamos con nuestros tesoros interiores, somos generosos con la vida desde la grandeza de nuestro ser. Conecta con tus tesoros *cada día*.

Trátate de manera especial, como si fueras un amigo muy querido. Ten una cita contigo mismo una vez a la semana y no te la saltes. Come en un restaurante, ve al cine o a un museo o practica un deporte que te guste en especial. Acicálate para el evento. Come usando tus mejores platos. Ponte la ropa más bonita. No reserves lo mejor para cuando tengas compañía, sé tu propia compañía. Mímate, date caprichos.

Agradece la vida. Haz actos de bondad. Págale el peaje a otro conductor. Cuando vayas a un baño público, déjalo todo en orden para que la siguiente persona que lo use se lo encuentre limpio. Recoge la basura que veas en la playa o en un parque. Regálale una flor a un desconocido. Dile a alguien lo mucho que le aprecias. Léele a una persona mayor que se siente sola. Las buenas acciones nos hacen sentir bien.

APRECIO EL PRECIOSO MUNDO EN EL QUE VIVO

La Tierra es una madre sabia y amorosa. Nos provee de todo cuanto podríamos desear. Cubre todas nuestras necesidades. Nos proporciona agua, alimentos, agua y compañía. Tenemos una variedad infinita de animales, plantas, pájaros y peces y una belleza increíble. En los últimos años hemos estado tratando muy mal a nuestro planeta. Hemos ido agotando nuestros valiosos recursos. Si seguimos contaminando el planeta con desperdicios, nos quedaremos sin un lugar donde vivir.

Me comprometo a cuidar y mejorar con amor la calidad de vida en este planeta. Mis pensamientos son de limpieza, amor e interés por el planeta. Realizo actos de bondad siempre que me es posible. Reciclo, preparo abono orgánico, cultivo un huerto ecológico y mejoro la calidad de la tierra. Es mi planeta y contribuyo a hacer de él un lugar mejor para vivir. Cada día me reservo un rato de quietud para imaginarme un planeta en paz. Me imagino las posibilidades de un medio ambiente limpio y saludable.

Me imagino a todos los gobiernos del mundo colaborando juntos para cuadrar los presupuestos y manejar con justicia el dinero. Visualizo a todas las personas del planeta abriendo su corazón y su mente, y trabajando unidas para crear un mundo donde sea seguro amarnos los unos a los otros. Es posible hacerlo. Y el cambio comienza por mí.

Reivindico mi poder

Recibe este nuevo día con los brazos abiertos y con amor. Siente tu poder. Siente el poder de tu respiración. Siente el poder de tu voz. Siente el poder de tu amor. Siente el poder de tu perdón. Siente el poder de tu deseo de cambiar.

Eres una persona maravillosa. Un ser Divino magnífico. Te mereces todo lo mejor, no solo una parte, sino *todo*. Siente tu poder y acéptalo gustoso, ya que estás a salvo.

LE AGRADEZCO INMENSAMENTE
A LA VIDA LO GENEROSA QUE ES CONMIGO

Soy uno con la Vida, y toda la Vida me ama y me apoya. Así que reivindico para mí una parte abundante de la prosperidad de la vida. Tengo tiempo, amor, alegría, comodidad, belleza, sabiduría, éxito y dinero a manos llenas. Yo no soy mis padres, ni tampoco he adquirido sus patrones económicos. Soy una persona única y elijo estar abierto y receptivo a la prosperidad en todas sus numerosas formas. Le estoy profundamente agradecido a la Vida por toda su generosidad. Mis ingresos están aumentando constantemente y seguiré prosperando el resto de mi vida. Esta es la verdad sobre mi ser y así la acepto. Todo está bien en mi próspero mundo.

HOY GOZO A CADA MINUTO DE CUALQUIER COSA QUE HAGO

En cada vida que experimentamos
siempre llegamos en la mitad de la película
y siempre nos vamos en la mitad de la película.
No hay un momento oportuno, ni un momento inoportuno para ello.
No es más que nuestro momento.
El alma lo elige mucho antes de llegar nosotros a la Tierra.
Hemos venido para aprender ciertas lecciones.
Hemos venido para amarnos a nosotros mismos.
Sea lo que sea lo que nos hayan dicho o hecho,
hemos venido para apreciarnos a nosotros mismos y a los demás.
Cuando aprendemos la lección del amor, nos vamos con alegría.
No es necesario padecer o sufrir.
Sabemos que la próxima vez, dondequiera que elijamos reencarnarnos,
sea cual sea la dimensión en la que actuemos,
nos traeremos con nosotros todo el amor.

ME ENCANTA QUIÉN SOY Y TODO LO QUE HAGO

En la infinitud de la vida en la que estoy
todo es perfecto, pleno y completo.
Me apoyo a mí mismo y la vida me apoya.
Veo la evidencia de las leyes espirituales actuando
a mi alrededor y en cada aspecto de mi vida.
Refuerzo lo que aprendo y disfruto haciéndolo.
Mi día comienza con gratitud y alegría.
Espero con entusiasmo
vivir las aventuras de la jornada,
sabiendo que en mi vida «Todo es bueno».
Me encanta quién soy y todo lo que hago.
Soy la expresión viva, afectuosa y gozosa de la Vida.
Todo está bien en mi mundo.

EL MOMENTO DE PODER ESTÁ EN EL PRESENTE

Siempre podemos cambiar nuestros sistemas de creencias. En la Edad Media se creía que el mundo era plano. Ahora ya no es una verdad para nosotros. Sé que podemos cambiar lo que creemos y aceptamos como normal. Podemos llevar vidas longevas que sean sanas, afectuosas, ricas, sabias y dichosas.

MI AMOR ES PODEROSO

Me trato como a una persona muy querida. Toda clase de acontecimientos llegan y se van; sin embargo, a lo largo de todo ese tiempo mi amor por mí es constante. Amarme no significa ser vanidoso o engreído. Las personas vanidosas o engreídas sienten un gran odio por sí mismas encubierto por frases como: «Yo soy mejor que tú». Amarme es, simplemente, apreciar el milagro de mi propio ser. Cuando me amo de verdad no puedo hacerme daño ni hacérselo a otros. Creo que la solución para la paz en el mundo es el amor incondicional. Y para que se dé debemos antes aceptarnos y amarnos a nosotros mismos. Ya no espero a ser perfecto para amarme. Me acepto exactamente tal como soy ahora mismo.

ME MEREZCO SANAR

«Si sabes que puedes sanar, te acabará llegando la ayuda adecuada. Entonces tienes que estar dispuesto a hacer el trabajo», afirmó Louise.

«¿Qué es necesario para atraer lo que necesitas sanar?»

«En primer lugar, necesitas cambiar tu forma de pensar sobre el problema. Todos tenemos ideas sobre la sanación y sobre cómo funcionan y no funcionan las cosas. Tenemos que dejar de pensar *No puedo hacerlo* y pensar: *Puedo hacerlo, solo tengo que descubrir cómo.* Siempre he dicho que la palabra *incurable* significa que no nos podemos curar por ningún medio *exterior* de momento, por eso necesitamos ir a nuestro interior. Pero esto, claro está, significa cambiar de forma de pensar. También es necesario desarrollar la autoestima, necesitamos creer que merecemos sanar. Si podemos desarrollarla como una sólida convicción y una afirmación, en este caso la vida se ocupa de traernos lo que necesitamos para manifestar la sanación.»

Nunca soy demasiado
mayor para aprender y crecer

No cometas nunca el error de creer que eres demasiado viejo para cualquier cosa. Mi propia vida no empezó a tener sentido hasta llegar a la mitad de los 40, cuando empecé a enseñar. A los 50, fundé mi editorial a una escala muy pequeña. A los 55, me aventuré en el mundo de la informática, asistí a clases y superé mi miedo a los ordenadores. A los 60, empecé a cultivar mi primer huerto y desde entonces me he convertido en una apasionada agricultora ecológica que cultiva sus propias hortalizas. A los 70, me apunté a clases de arte para niños. Varios años más tarde, me gradué tras asistir a clases de arte para adultos, y ahora he empezado a vender mis cuadros.

Recientemente, he decidido ampliar mis horizontes en áreas que antes me intimidaban y me he inscrito en clases de baile de salón. Ahora voy varias veces a la semana, y estoy alcanzando mi sueño de la infancia de aprender a bailar. También he empezado clases de yoga, y mi cuerpo está haciendo cambios positivos.

Me encanta aprender cosas que no había experimentado antes. ¡Quién sabe lo que haré en el futuro! Pero lo que sí sé es que seguiré haciendo mis afirmaciones y expresando una nueva creatividad hasta el día que abandone este planeta.

Elijo tener pensamientos positivos que me hacen sentir bien

Hay quienes dicen que las «afirmaciones no funcionan» (lo cual es en sí mismo una afirmación), pero en realidad se refieren a que no saben usarlas correctamente. Tal vez digan: «Mi prosperidad está aumentando», pero luego piensen: *¡Vaya, qué estupidez, sé que no funcionará!* ¿Qué afirmación crees que ganará? La negativa, claro está, porque forma parte de una forma muy arraigada de ver la vida. A veces, la gente dice afirmaciones una vez al día y el resto de la jornada se lo pasa quejándose. Si las usan de esta manera tardarán mucho en funcionarles. Las afirmaciones de las quejas siempre serán las que ganarán, ya que están más arraigadas en ellos y las expresan con mucho sentimiento.

Aunque repetir afirmaciones solo es parte del proceso. Lo que hacemos el resto del día y de la noche es incluso más importante aún. El secreto para que las afirmaciones funcionen de forma rápida y sistemática es preparar el ambiente adecuado en el que puedan crecer. Las afirmaciones son como semillas sembradas en la tierra. En una tierra pobre, apenas crecen. En una tierra abonada, crecen en abundancia. Cuanto más elijas tener pensamientos que te hacen sentir bien, más deprisa funcionarán las afirmaciones.

Mi diálogo interior es amable y cariñoso

Solo tengo un papel que desempeñar en la Tierra, y también dispongo de los instrumentos para realizar mi trabajo. Los pensamientos que tengo y las palabras que digo son instrumentos poderosísimos para mí. ¡Los utilizo y disfruto de lo que me producen! La meditación, la oración o diez minutos de afirmaciones por la mañana hacen maravillas en mi vida, y obtengo incluso mejores resultados cuando soy constante en ello a lo largo del día. Tengo presente que lo que pienso a cada momento es lo que está dando forma a mi vida. El momento de poder, el lugar donde hago los cambios, siempre es en este mismo instante. Así pues, en este preciso momento, observo lo que estoy pensando y me pregunto: «¿Deseo que ese pensamiento cree mi futuro?»

Me alegro del amor que tengo para compartir

Enseño una sola y única cosa: ámate a ti mismo. Hasta que no te ames, nunca sabrás quién eres realmente ni tampoco de lo que eres capaz. Cuando te amas, creces interiormente. El amor te ayuda a superar el pasado, a superar el dolor, a superar los miedos, a superar el ego y todas las pequeñas ideas que tienes sobre ti. El amor es de lo que estás hecho, y el amor te ayuda a ser quien realmente eres.

EN CADA RELACIÓN HAY UNA LECCIÓN QUE APRENDER Y UN REGALO QUE RECIBIR

Creo que elegiste a tus padres antes de nacer para aprender lecciones valiosas. Tu Yo Superior sabe las experiencias que necesitas para progresar en tu camino espiritual. De modo que, sea cual sea el trabajo que has venido a hacer con tus padres, llévalo a cabo. Al margen de lo que te digan o te hagan, o de lo que te dijeron o te hicieron, estás aquí, en el fondo, para amarte.

Si tienes hijos, deja que se amen a sí mismos al darles el espacio para que se puedan expresar libremente de formas positivas y beneficiosas. No olvides que, al igual que tú elegiste a tus padres, tus hijos te han elegido a ti. Hay unas lecciones importantes para todos con las que debemos trabajar.

A los padres que se aman a sí mismos les resulta más fácil enseñarles a sus hijos a amarse. Cuando nos sentimos a gusto en nuestra piel, les enseñamos con el ejemplo a nuestros hijos a valorarse. Cuanto más procuramos amarnos a nosotros mismos, más ven nuestros hijos que es bueno hacerlo.

MIS PATRONES MENTALES SON POSITIVOS Y FELICES

Algunas de las cosas que creemos son positivas y nutritivas. Esta clase de pensamientos nos son muy útiles toda la vida, como el de *Mira a uno y otro lado antes de cruzar la calle.*

Otros pensamientos son útiles al principio, pero a medida que nos vamos haciendo mayores ya no son adecuados. *No te fíes de los desconocidos* es un buen consejo para un niño pequeño, pero si un adulto sigue creyendo en él no le generará más que aislamiento y soledad.

¿Por qué raras veces nos paramos a pensar: *¿Es esto verdad?* Por ejemplo, ¿por qué creo en ideas como *Me cuesta aprender?*

Mejores preguntas son: *¿Sigue siendo cierto para mí ahora? ¿De dónde me viene esa creencia? ¿Me la sigo creyendo porque un maestro de primaria no me lo cesaba de repetir? ¿Mejoraría yo si dejara de creer en ella?*

El perdón me libera

Una de las lecciones espirituales más importantes para aprender es que todos estamos haciéndolo lo mejor posible en cualquier momento dado. Depende de la comprensión y el conocimiento que tengamos en ese momento. El incidente al que te estás aferrando ya forma parte del pasado. Déjalo atrás. Permítete ser libre.

1. Siéntate frente a un espejo y cierra los ojos. Respira profundamente varias veces. Siéntete enraizado en la silla.

2. Piensa en las numerosas personas que te han hecho daño en tu vida. Abre ahora los ojos y empieza a hablarle a una de ellas… en voz alta. Dile algo como: «Me hiciste mucho daño. Pero he decidido dejar de aferrarme al pasado. Estoy dispuesto a perdonarte». Si aún no puedes hacerlo, afirma simplemente: *Estoy dispuesto.* Tu deseo de perdonarle es lo único que necesitas para que más adelante seas capaz de perdonarle.

3. Respira hondo y luego dile: «Te perdono. Te libero». Vuelve a respirar hondo y di: «Eres libre. Soy libre».

4. Observa cómo te sientes. ¿Notas una cierta resistencia o te sientes relajado? Si notas una cierta resistencia, respira hondo y afirma simplemente: *Estoy dispuesto a abandonar cualquier resistencia que sienta.*

5. Recuerda que el perdón no es un acontecimiento, sino un proceso. Tal vez tengas que seguir trabajando en la misma persona un poco más, profundizando cada vez más en perdonarla.

Estoy en paz con mi edad

En la infinitud de la vida en la que estoy
todo es perfecto, pleno y completo. Ya no elijo
creer en las limitaciones y las carencias antiguas
que antes definían el proceso de envejecer. Me alegro
de cada año que cumplo. Mi riqueza de conocimientos
aumenta, y estoy en contacto con mi sabiduría.
Mis últimos años son un verdadero tesoro, y
sé cómo mantenerme joven y
saludable. Mi cuerpo se está renovando
a cada momento. Soy vital y vivaz, estoy sano,
lleno de vida, y haré todo lo posible por
seguir así hasta mi último día.
Elijo ahora vivir la vida con esta comprensión.
Estoy en paz con mi edad.

Soy feliz en la vida
tenga la edad que tenga

Afirmaciones para el proceso del envejecimiento

Soy joven y atractivo a cualquier edad.
Estoy abierto a experimentar todo lo que la vida tiene para ofrecerme.
Contribuyo a la sociedad de formas productivas y satisfactorias.
Me ocupo de mi economía, mi salud y mi futuro.
Honro y respeto a los niños y a los adolescentes de mi vida.
Mi familia me apoya y yo también apoyo a los míos.
Todo el mundo con el que entro en contacto me respeta.
Honro y respeto a todas las personas mayores de mi vida.
Dispongo de todo el tiempo del mundo.
No tengo limitaciones.

Soy uno con todos los habitantes del planeta

No existen dos poderes opuestos, es decir, el bien y el mal. Solo existe Un Espíritu Infinito, y hay seres humanos que tienen la oportunidad de usar en cada aspecto la inteligencia, la sabiduría y las herramientas que han recibido. Cuando hablamos de *ellos,* estamos hablando de nosotros, porque nosotros somos la gente, somos el gobierno, somos las iglesias y somos el planeta.

El lugar para empezar a hacer cambios es exactamente donde ahora nos encontramos. Es demasiado fácil decir «Es por la maldad» o «Son ellos los culpables». En realidad, ¡siempre se trata de *nosotros*!

AL MIRAR EN MI INTERIOR AMO LO QUE VEO

¿Cómo te amas? Ante todo, y lo más importante: deja de criticarte y de criticar a los demás. Acéptate tal como eres. Elógiate lo máximo posible. Las críticas quiebran el espíritu interior, en cambio los elogios lo construyen. Mírate al espejo a menudo y di simplemente: *Te amo, te amo de verdad.* Al principio tal vez te cueste, pero si lo sigues practicando al cabo de poco creerás y sentirás lo que dices. Ámate tanto como te sea posible y la Vida entera te devolverá reflejado este amor.

Me centro en los pensamientos positivos

El Universo toma tus pensamientos y tus palabras al pie de la letra y te da lo que dices querer. Siempre.

Cada pensamiento positivo trae cosas positivas a tu vida. Cada pensamiento negativo expulsa lo bueno, lo aleja de tu alcance. ¿Cuántas veces en la vida has estado a punto de conseguir algo estupendo y en el último momento parece como si te lo hubieran quitado de las manos? Si consigues recordar cuál era tu ambiente mental en aquella época, obtendrás la respuesta. Demasiados pensamientos negativos levantan una barrera contra las afirmaciones positivas.

Si dices «No quiero estar enfermo nunca más», esta frase no es una afirmación para gozar de buena salud. Tienes que exponer con claridad lo que deseas: «Acepto ahora una salud perfecta».

La afirmación «Detesto este coche» no te proporcionará un coche nuevo fabuloso, porque no te estás expresando con claridad. Y aunque obtengas un coche nuevo, al poco tiempo probablemente lo detestarás, porque eso es lo que has estado afirmando. Si deseas un coche nuevo, di algo como lo siguiente: «Tengo un fabuloso coche nuevo que satisface todas mis necesidades».

Hoy elijo dar amor

Honestidad es una palabra que usamos mucho, aunque no siempre entendemos lo que significa realmente. Ser honesto no tiene nada que ver con la ética o con el buenismo. Ser honesto tiene muy poco que ver con que nos pillen con las manos en la masa o con acabar entre rejas. Es un acto de amor hacia uno mismo.

El valor principal de la honestidad es que, sea lo que sea lo que demos, la vida nos lo devolverá. La ley de causa y efecto siempre actúa a todos los niveles. Si menospreciamos o juzgamos a los demás, también nos juzgarán. Si siempre estamos enojados, nos toparemos con el enojo dondequiera que vayamos. El amor que sentimos por nosotros mismos nos mantiene sintonizados con el amor que la Vida nos ofrece.

Cuánto más me abro al amor, más seguro me siento

Procura amarte continuamente cada día. Di tus afirmaciones afectuosas cada momento que te sea posible. Demuestra el creciente amor que sientes por ti. Mímate. Muéstrate lo especial que eres. La vida siempre nos refleja los sentimientos que tenemos dentro.

A medida que desarrolles tu sensación interior de amor y romanticismo, atraerás como un imán a la pareja adecuada con la que compartir tu creciente sensación de intimidad.

1. Escribe en tu diario cómo viviste el amor de niño. ¿Viste a tus padres expresando amor y afecto? ¿Creciste con montones de abrazos? ¿En tu familia se escondía el amor detrás de las peleas, los llantos o el silencio?

2. Escribe 10 afirmaciones de amor y practícalas frente al espejo. Aquí tienes algunos ejemplos: *Soy merecedor de amor. Cuánto más me abro al amor, más seguro me siento. Hoy recordaré que la vida me ama. Dejo que el amor me encuentre en el momento perfecto.*

3. Escribe 10 cosas que te encante hacer. Elige cinco y realízalas hoy.

4. Resérvate varias horas para mimarte: cómprate flores, ofrécete una comida saludable, muéstrate lo especial que eres.

5. Esta semana repite el paso 3 ¡cada día!

Empiezo y acabo el día con gratitud y alegría

Pasemos tantos momentos como nos sea posible cada día agradeciendo todo lo bueno que hay en nuestra vida. Si ahora apenas tienes nada en la vida, no te preocupes, aumentará. Y si en tu vida ya hay abundancia, también aumentará. Es una situación en la que siempre sales ganando. Eres feliz, y el Universo es feliz. La gratitud acrecienta tu abundancia.

Empieza a llevar un diario de la gratitud. Escribe cada día algo por lo que estar agradecido. Dile a diario a alguien lo agradecido que estás por algo. Díselo a dependientes, camareros, empleados de correos, trabajadores y jefes, amigos y familiares y a absolutos desconocidos. Comparte tu secreto de la gratitud. ¡Ayudemos a crear para todos un mundo lleno de personas agradecidas que sepan dar las gracias y recibir con naturalidad!

CONFÍO EN LA GUÍA DEL UNIVERSO

En la infinitud de la vida en la que estoy todo es perfecto, pleno y completo. Nos alegramos de saber que somos uno con el Poder que nos creó. Este Poder ama a todas sus creaciones, incluidos nosotros. Somos los hijos queridos del Universo y nos lo ha dado todo. Somos la forma más elevada de vida en este planeta y se nos ha equipado con todo lo necesario para vivir cada experiencia que nos espera. Nuestra mente siempre está conectada con la Mente Única Infinita, por eso tenemos a nuestro alcance todo el conocimiento y la sabiduría si así lo creemos.

Confiamos en que crearemos solo lo que sea para nuestro mayor bien y dicha, lo que sea perfecto para nuestro crecimiento interior y nuestra evolución espiritual. Nos encanta quiénes somos. Nos alegramos en especial de la reencarnación que hemos elegido en esta vida. Sabemos que a cada momento podemos moldear y remoldear nuestra personalidad, e incluso nuestro cuerpo, para expresar más si cabe nuestro mayor potencial. Nos alegramos de no tener límites y sabemos que ante nosotros se abre la totalidad de las posibilidades en cada aspecto. Confiamos por completo en el Poder Único, y sabemos que todo está bien en nuestro mundo.

Confío en que la vida me ayudará a tomar decisiones sabias y afectuosas

A Bo y Christopher, los hijos de Robert Holden, les encanta Louise Hay, y ella también siente lo mismo por ellos. Es interesante observarlos juntos. Louise no los mima. Ni les hace cosquillas. Ni tampoco juega con ellos. Louise no trata a Bo, que tiene seis años, como una «niña mayor» o una «niña buena», sino como una auténtica niña. Cristopher, de tres años, es un auténtico niño. Y Louise no tiene edad. Eso es todo. Y todo es perfectamente natural entre ellos. A Robert, la forma de sus hijos de estar con Louise le recuerda a Mary Poppins con Jane y Michael.

Cuando Christopher conoció a Louise, corrió hacia ella y le gritó: «¿Te gustaría verme los dientes?» Louise reflexionó unos segundos y contestó, «Sí, me gustaría». Christopher alzando la cabeza, le sonrió para mostrárselos. «Gracias», le dijo Louise. «De nada», contestó Christopher. No lo había hecho nunca con nadie y no lo volvió a hacer con ninguna otra persona.

Más tarde, Robert le preguntó a Louise acerca del significado de los dientes. Ella le contestó con su característica naturalidad: «Los dientes tienen que ver con tomar buenas decisiones. Me estaba diciendo que sabe lo que piensa y que es capaz de tomar buenas decisiones».

La primera relación que debo mejorar es la que mantengo conmigo mismo

La primera relación que debes mejorar es la que mantienes contigo mismo. Cuando eres feliz contigo mismo, todas tus otras relaciones también mejoran. Una persona contenta resulta muy cautivadora para las otras. Si estás buscando más amor en tu vida, en este caso necesitas amarte más. Significa que no te criticas, no te quejas, no te culpas ni despotricas, y que no eliges sentirte solo. Significa sentirte de lo más satisfecho contigo mismo en el presente y elegir tener pensamientos que te hacen sentir bien.

Cuando eres capaz de satisfacer tus necesidades, no te sientes tan necesitado ni codependiente. Tiene que ver con lo mucho que te amas. Cuando te encanta de verdad quién eres te sientes centrado, sereno y seguro, y tus relaciones en casa y en el trabajo también son maravillosas. Te descubres reaccionando ante distintas situaciones y personas de forma distinta a la de antes. Las cuestiones que en el pasado te parecían desesperadamente importantes, no te parecen tan cruciales ahora. Conocerás a personas nuevas, y quizás algunas antiguas desaparecerán de tu vida. Al principio todos esos cambios quizá te asusten un poco, pero también pueden ser maravillosos, renovadores y excitantes.

ME MANTENGO ABIERTO
Y RECEPTIVO A TODO LO BUENO

Cuando te llegue algo bueno en la vida, dile «sí». Ábrete para recibir todo lo bueno. Dile «sí» a tu mundo. La prosperidad y las oportunidades se centuplicarán.

Hoy tu trabajo con el espejo se centrará en recibir tu prosperidad.

1. De pie y con los brazos abiertos, di: *Estoy abierto y receptivo a todo lo bueno.*
2. Mírate ahora al espejo y vuelve a decir: *Estoy abierto y receptivo a todo lo bueno.* Deja que las palabras fluyan de tu corazón: *Estoy abierto y receptivo a todo lo bueno.*
3. Repite esta afirmación 10 veces más.
4. Observa cómo te sientes. ¿Te sientes liberado? Haz este ejercicio cada mañana durante una semana o más tiempo. Es una forma maravillosa de aumentar tu conciencia de la prosperidad.

Hoy sigo mi felicidad

Creo que venimos a este planeta muchas, muchísimas veces, y lo hacemos para aprender distintas lecciones. Es como ir al colegio. Antes de reencarnarnos en cualquier época en particular en el planeta, decidimos las lecciones que aprenderemos para evolucionar espiritualmente. En cuanto elegimos nuestra lección, elegimos todas las circunstancias y las situaciones que nos permitirán aprenderla, incluidos nuestros padres, la sexualidad, el lugar de nacimiento y la raza. Si has llegado a este punto en tu vida, créeme, has tomado las decisiones correctas.

A medida que vas pasando por las etapas de la vida, es esencial recordar que estás a salvo. Estas no son más que cambios. Confía en que tu Yo Superior te dirigirá y guiará de las formas que más te convengan para tu crecimiento espiritual. Como Joseph Campbell dijo en una ocasión: «Sigue tu felicidad».

Voy de éxito en éxito

Sé que los pensamientos que tengo son los que determinan mis condiciones laborales, así que elijo mis pensamientos. Tengo pensamientos positivos que me apoyan. Elijo pensar de manera próspera, así que soy próspero. Elijo tener pensamientos armoniosos, así que trabajo en un ambiente armonioso. Me encanta levantarme por la mañana sabiendo que tengo un trabajo importante para hacer hoy. Tengo un trabajo estimulante que me llena enormemente. Mi corazón brilla de orgullo cuando pienso en el trabajo al que me dedico. Siempre tengo un empleo, siempre soy productivo. La Vida es estupenda. Y así es.

IRRADIO MI PROPIA LUZ

La competencia y las comparaciones son los dos mayores escollos para tu creatividad. Tu singularidad te hace ser único. Nunca ha habido otra persona como tú desde el inicio de los tiempos. ¿Qué sentido tiene entonces compararte o competir con los demás? Las comparaciones te hacen sentir superior o inferior al resto, no son más que expresiones de tu ego, pensamientos de tu mente limitada. Si te comparas con los demás para sentirte un poco mejor, estás diciendo que otros no son lo bastante buenos. Y si te crees superior al resto, tal vez pienses que estás por encima de ellos. Pero lo que realmente estás haciendo es dar lugar a que otros te critiquen. Todos lo hacemos en alguna medida, y es bueno superarlo. Iluminarte es ir a tu interior e irradiar tu propia luz para disipar cualquier oscuridad que haya ahí.

Todo cambia en la vida, y lo que era perfecto para ti en el pasado puede que ahora ya no lo sea. Para poder seguir cambiando y creciendo, sigue yendo a tu interior y escucha lo que es adecuado para ti en ese momento.

Le doy las gracias a mi teléfono

Cada vez que uso mi teléfono le doy las gracias con amor, y afirmo a menudo que me trae solo prosperidad y expresiones afectuosas. Lo mismo hago con el buzón de mi casa, y cada día está lleno a rebosar de dinero y de toda clase de cartas sumamente afectuosos de amigos y personas que han solicitado mis consejos, y de lectores de lugares lejanos de mis libros. Me alegro de las facturas que me llegan, y les agradezco a las compañías por confiar en que las pagaré. También les doy las gracias a la puerta de mi casa y al timbre, sé que todo lo que me entra por ellos es bueno. Espero que mi vida sea buena y feliz. Y así es.

La ley de la atracción
solo me trae delicias en mi vida

Me he dado cuenta de que al Universo le encanta la gratitud. Cuánta más gratitud muestras, más delicias recibes. Cuando digo «delicias» no me refiero solo a cosas materiales, sino también a personas, lugares y vivencias que hacen que la vida valga maravillosamente la pena de vivir. Ya sabes lo feliz que te sientes cuando tu vida está llena de amor, dicha, salud y creatividad, y cuando encima te encuentras todos los semáforos en verde y sitios libres para aparcar. Así es como la vida debería ser. El Universo es un dador muy generoso y abundante y le gusta que lo apreciemos.

Soy una persona única

Tú no eres tu padre. Ni tu madre. Ni cualquiera de tus parientes. Ni tu profesor de la universidad, ni tampoco las limitaciones de la formación religiosa que recibiste en la infancia. Eres tú mismo. Una persona especial y única, con su serie de talentos y aptitudes. Nadie puede actuar exactamente como tú actúas. La competencia y las comparaciones no tienen cabida en tu vida. Te mereces amarte y aceptarte. Eres un ser magnífico. Eres libre. Acéptalo como la nueva verdad sobre ti. Y así es.

SOMOS SERES ESPIRITUALES MARAVILLOSOS QUE VIVEN UNA EXPERIENCIA HUMANA

Soy uno con la Vida, y toda la Vida me ama y me apoya. Por eso reivindico en cada etapa de mi vida la paz interior y la alegría de vivir. Cada día es nuevo y distinto, y me trae sus propios placeres. Soy un participante activo en este mundo. Soy un apasionado estudiante que está deseando con viveza aprender. Cuido de mi cuerpo excelentemente. Elijo pensamientos que me hacen feliz. Tengo una fuerte conexión espiritual que me apoya en todo momento. Yo no soy mis padres, ni tampoco tengo que envejecer o morir como ellos lo hicieron. Soy una persona única y elijo llevar una vida que me llena profundamente hasta mi último día en este planeta. Estoy en paz con la existencia y me apasiona toda la Vida. Esta es la verdad sobre mi ser y así la acepto. Todo está bien en mi vida.

Estoy dispuesto a ver solo mi grandeza

Elige eliminar de tu mente y de tu vida cada idea y cada pensamiento negativo, destructivo y temeroso. No escuches ni sigas formando parte de los pensamientos ni de las conversaciones perjudiciales. Hoy nadie puede dañarte, porque te niegas a creer que te puedan dañar. Te niegas a dejarte llevar por emociones negativas, por más justificadas que parezcan. Vas más allá de cualquier cosa que intente hacerte enojar o asustar. Los pensamientos destructivos no tienen poder alguno sobre ti.

Piensas y dices solo lo que quieres crear en tu vida. Estás capacitado de sobra para hacer todo cuanto necesitas llevar a cabo. Eres uno con el Poder que te creó. Estás a salvo. Todo está bien en tu mundo.

LO QUE MI GUÍA INTERIOR ME INDIQUE HACER SERÁ TODO UN ÉXITO

En la infinitud de la vida en la que estoy
todo es perfecto, pleno y completo.
Soy uno con el Poder que me creó.
Tengo en mi interior todos los ingredientes para triunfar.
Ahora dejo que la fórmula del éxito fluya a través de mí
y se manifieste en mi mundo.
Lo que mi guía interior
me indique hacer será todo un éxito.
Aprendo de cada experiencia.
Vivo un éxito tras otro.
Mi camino es una serie de pasos
hacia un éxito incluso mayor.
Todo está bien en mi mundo.

Confío en que el proceso de la vida se ocupará de mí

Louise confiaba en que su campanilla interior la guiaría en su vida. «Es mi amiga», le contó a Robert Holden. «Es una voz interior que me habla. He aprendido a confiar en ella. Es bueno para mí.» Hablaba de su campanilla interior con respeto y amor. Escucharla era una práctica espiritual diaria. «Mi campanilla interior está siempre conmigo», añadió. «Cuando escucho a mi campanilla interior, descubro las respuestas que necesito.»

«¿De dónde viene tu campanilla interior?», le preguntó él.

«¡De todas partes!», contestó ella, juguetonamente.

«¿A qué te refieres?»

«Mi campanilla interior es mi forma de escuchar la gran sabiduría», aclaró ella.

«¿Es como la Inteligencia Única de la que hablas en *Usted puede sanar su vida*?»

«Sí, la Inteligencia Única que nos guía a todos», señaló ella.

«¿Tenemos todos una campanilla interior?», preguntó él.

«Todos los niños nacen con su campanilla interior», afirmó Louise.

LE OFREZCO A MI NIÑO INTERIOR TODO EL AMOR QUE HA DESEADO Y MÁS AÚN

El amor es el mayor poder curativo que conozco. El amor puede curar incluso los recuerdos más dolorosos y profundos, porque ilumina los rincones oscuros de nuestra mente con la luz de la comprensión. Por más que hayamos sufrido en nuestra temprana infancia, amar a nuestro niño interior nos ayudará a sanar. En la privacidad de nuestra mente podemos tomar nuevas decisiones y tener pensamientos nuevos. El perdón y el amor hacia nuestro niño interior nos abrirán los caminos, y el Universo nos apoyará en nuestros esfuerzos.

Sé que solo me esperan cosas buenas a cada paso

Creo que en el fondo todo ocurre para nuestro mayor bien, pero cuando estamos sumidos en la vivencia, a veces nos cuesta verlo. Piensa en una experiencia negativa que hayas vivido en el trabajo o en el pasado en general. Quizá te despidieron, o tal vez tu pareja te dejó. Ahora avanza en el tiempo y obtén una visión de conjunto. ¿Acaso no te ocurrieron muchas cosas buenas gracias a esa experiencia? He oído decir en muchas ocasiones: «Sí, lo que me pasó fue horrible, pero de no haberlo vivido nunca habría conocido a menganito o fulanito..., o montado mi propio negocio..., o admitido que tenía una adicción..., o aprendido a amarme».

Cuando confiamos en que la Inteligencia Divina nos permite experimentar la vida de la forma que más nos conviene, nos empoderamos al disfrutar en realidad de *todo* cuanto la vida tiene para ofrecernos: tanto lo bueno como lo llamado malo. Procura aplicarlo a tus experiencias laborales y observa los cambios que ocurren en tu vida.

Mi trabajo es una expresión del amor divino

Nuestro medio de vida es una idea Divina en la Mente Única, creada del amor Divino y sustentada por el amor. Quienes trabajan se han sentido atraídos por la acción del amor, ya que están realizando su Divina ocupación adecuada en ese punto del espacio y el tiempo. Todos estamos impregnados de armonía Divina y fluimos juntos de la forma más productiva y gozosa. La acción del amor es la que nos ha llevado a esta ocupación en particular que estamos realizando. La acción correcta Divina actúa en cada aspecto de nuestro medio de vida. La Inteligencia Divina crea nuestros productos y servicios. El amor Divino nos trae a las personas que podemos ayudar con la ocupación a la que nos dedicamos.

Dejamos atrás los antiguos patrones de quejarnos o criticar, sabemos que es nuestra conciencia la que ha creado nuestras circunstancias en el mundo laboral. Sabemos y afirmamos que es posible ganarnos la vida exitosamente según los principios Divinos, y usamos con afecto nuestras herramientas mentales para vivir y experimentar nuestra vida con mayor abundancia. Nos negamos a que los pensamientos de la mente humana nos limiten en cualquier sentido. La Mente Divina es nuestra asesora laboral y tiene planes para nosotros que no nos podemos ni imaginar. Nuestra vida está llena de amor y felicidad, pues nuestro medio de vida es una idea Divina. Y así es.

SOY AMOR

Todos estamos realizando un viaje interminable a través de la eternidad, y el tiempo que pasamos en este plano terrenal no es más que un breve instante. Venimos a este planeta para aprender determinadas lecciones, trabajar en nuestro crecimiento espiritual y ensanchar nuestra capacidad para amar. No hay un momento oportuno ni un momento inoportuno para llegar y para irnos de este planeta. Siempre llegamos a mitad de la película y nos vamos a mitad de la película. Partimos cuando nuestra tarea en particular ha terminado. Venimos a este mundo para aprender a amarnos más a nosotros mismos y a compartir ese amor con todos lo que nos rodean. Venimos para abrir nuestro corazón a un nivel mucho más profundo. Nuestra capacidad para amar es lo único que nos llevaremos cuando nos vayamos de este mundo. Si te fueras hoy, ¿cuánto amor te llevarías?

Tengo el poder para crear mis propias experiencias

Tienes el poder para cambiar tu vida hasta tal punto que ni siquiera reconocerás a la persona que eras antes. Puedes pasar de la enfermedad a la salud, de la soledad al amor. Puedes ir de la pobreza a la estabilidad económica y la plenitud. Puedes ir de la culpabilidad y la humillación a la autoconfianza y al amor hacia ti. Puedes dejar de creer que no vales nada y sentirte creativo y poderoso.

ME ESTOY CONVIRTIENDO EN MI MEJOR AMIGO, LA PERSONA CON LA QUE MÁS FELIZ ME SIENTO

La Vida es sagrada. Conservo en mi corazón todas las partes de mi ser: el bebé, el niño, el adolescente, el joven adulto, el adulto y quien seré en el futuro. Acepto plenamente como parte de mi historia cada humillación, error, dolor y herida emocional vividos. Mi historia incluye cada suceso y cada fracaso, cada error y cada percepción veraz, y todo esto es valioso de formas que no necesito comprender. En algunas ocasiones, las partes dolorosas de mi historia ayudan a otros a entender su propio dolor. Cuando otras personas comparten su dolor conmigo, siento compasión por ellas. Ahora también siento la misma compasión por mí. Me relajo sabiendo que todas las partes de mi ser son aceptables.

Doy gozosamente a la vida y la vida me lo devuelve con afecto

¿Sabías que la prosperidad y el agradecimiento van de la mano? El Universo es un dador generoso y le gusta que lo apreciemos. Afirmemos: *Doy gozosamente a la Vida y la Vida me lo devuelve con afecto.*

1. En cuanto te despiertes por la mañana y abras los ojos, di estas afirmaciones: *Buenos días, cama. Te agradezco mucho toda la calidez y la comodidad que me has ofrecido. Querida [Nombre], hoy es un día maravilloso. Todo está bien.*

2. Tómate unos minutos más para relajarte en la cama y piensa en todo lo que agradeces de tu vida.

3. Cuando estés listo para levantarte, ve al espejo del cuarto de baño. Mírate a los ojos con profundidad y dulzura. Enumera las numerosas cosas por las que hoy estás agradecido. Dilas como afirmaciones: *Agradezco mi bonita sonrisa. Agradezco sentirme perfectamente sano hoy. Agradezco tener un trabajo al que ir hoy. Agradezco los amigos con los que hoy me voy a encontrar.*

4. Cada vez que pases hoy por delante de un espejo, detente y di una afirmación relacionada con algo que agradeces en ese momento.

DONDEQUIERA QUE VAYA
ME RECIBEN CON CALIDEZ Y CORDIALIDAD

Soy uno con la Vida, y toda la Vida me ama y me apoya. Así que reivindico un círculo alegre y afectuoso de amistades. Todos nos lo pasamos en grande individualmente y juntos. Yo no soy mis padres ni sus relaciones. Soy una persona única y elijo tener en mi vida solo a personas solidarias y sustentadoras. Dondequiera que vaya me reciben con calidez y cordialidad. Merezco tener los mejores amigos, y dejo que mi vida se llene de amor y alegría. Esta es la verdad sobre mi ser y así la acepto. Todo está bien en mi amigable mundo.

ME ALEGRO DE LA BUENA SUERTE AJENA

No retrases tu propia prosperidad al estar resentido o celoso porque otros tienen más que tú. No critiques cómo eligen gastarse el dinero. No es asunto tuyo.

Cada persona se rige por la ley de su propia conciencia. Ocúpate solo de tus propios pensamientos. Alégrate de la buena suerte ajena y sé consciente de que en este mundo hay de sobras para todos.

Estoy centrado en la verdad y la paz

Vive desde el maravilloso espacio lleno de afecto de tu corazón. Mantente centrado y ama quién eres. Ten en cuenta que eres realmente una expresión Divina y magnífica de la Vida. Ocurra lo que ocurra, sigue centrado. Tienes derecho a tener tus sentimientos. Tienes derecho a tener tus opiniones. Existes, simplemente. Procura amarte. Procura abrir tu corazón. A veces asusta hacerlo, porque las respuestas que recibes en tu interior pueden ser muy distintas de lo que tus amigos quieren que hagas. Pero dentro de ti sabes lo que te conviene. Y, si sigues esta sabiduría interior, estarás en paz contigo mismo.

Apóyate en tomar buenas decisiones en tu vida. Cuando dudes acerca de algo, pregúntate: «¿Estoy viviendo desde el espacio afectuoso de mi corazón? ¿Es esta una decisión sustentadora? ¿Es lo correcto para mí ahora?» La decisión que tomes más tarde —al cabo de un día, una semana o un mes— tal vez ya no sea la decisión correcta; en tal caso, puedes cambiarla. Pregúntate a cada momento: «¿Es esto bueno para mí?» Y di: «Me amo y estoy tomando buenas decisiones».

SEA CUAL SEA LA DIFICULTAD, SÉ QUE SOY AMADO

Si te ocurre algo desagradable a lo largo del día, ve enseguida ante el espejo y di: «Te amo de todos modos». Las situaciones llegan y se van, pero el amor que sientes por ti es constante, y es la cualidad más importante que posees en la vida. Si te ocurre algo maravilloso, ve frente al espejo y di: «Gracias». Date las gracias por haber creado esta experiencia maravillosa.

ME DOY EL TIEMPO NECESARIO PARA TRABAJAR CON MI DOLOR

Afirmaciones para la muerte y el dolor

La muerte es una puerta abriéndose a una nueva vida.
Estoy en paz con el proceso del duelo.
Estoy en paz con la muerte de mi ser querido.
Me doy el tiempo que necesito para trabajar con mi dolor.
El espíritu no nos lo pueden quitar nunca,
porque es nuestra parte eterna.
La muerte es una etapa natural de la vida.
Todo el mundo muere en el momento y el lugar perfectos.
Sé que, dondequiera que me encuentre, estoy a salvo,
y que la Vida me ama y me apoya por completo.
Nuestro espíritu y nuestra alma siempre están a salvo,
siempre están seguros y vivos.
Dejo que la luz de mi amor brille
para que nos reconforte a mí y a otros.
La muerte no existe, no es más que un cambio de forma.

Hablo y pienso positivamente

Cuando te oyes decir «No estoy preparado», ¿es tu alma o el ego quien te lo dice? Muchas personas se topan con este pensamiento al emprender algo nuevo, como al casarse, tener un hijo, montar un negocio, escribir un libro o dar una charla pública. ¿Es realmente cierto que no estamos preparados? Si es así, buscaremos una ayuda adicional. Y si no, le diremos a nuestro ego que se relaje y dejaremos que nuestra alma nos lleve por el camino que ha elegido.

Nos pasamos la vida pensando *No estoy preparado,* y de repente un día cambiamos de opinión. Dejamos de pensar *No estoy preparado* y empezamos a decirnos *Soy demasiado viejo.* ¿Quién es el que lo dice? ¿Acaso nuestra alma tiene edad? ¿Somos de verdad demasiado viejos, o en realidad creemos no valer nada, o nos da miedo alguna otra cosa? Cuando observas tus sentimientos y dejas de juzgarte, logras ver el pensamiento tal como es.

«Un pensamiento no es más que una idea», afirmaba Louise. «Y cuando pensamos, lo hacemos o bien con la mente del alma o bien con la mente del ego.»

AMARME ME ABRE LA PUERTA
A LOS CAMBIOS POSITIVOS

Las circunstancias inesperadas son las que suelen hacerme crecer espiritualmente. Podría deberse a un encuentro casual, un accidente, una enfermedad o la pérdida de un ser querido. Algo en mi interior me impulsa a seguir o me impide con energía continuar viviendo como antes. Varía de persona a persona. Yo crezco espiritualmente cuando acepto que soy responsable de mi vida. Esta actitud me da el Poder Interior para hacer en mí los cambios que necesito. El crecimiento espiritual no tiene que ver con cambiar a los demás, lo experimenta aquella persona que está lista para abandonar el papel de víctima, perdonar y empezar una nueva vida. Nada de esto sucede de la noche a la mañana. Es un proceso que se va desarrollando. Amarme me abre la puerta de los cambios positivos en mi vida, y estar dispuesta a cambiar me ayuda realmente a progresar.

Todo cuanto busco ya lo tengo en mi interior

Tu sensación de seguridad no viene de tu trabajo, de tu cuenta bancaria, de tus inversiones, de tu pareja ni de tus padres. Tu sensación de seguridad viene de tu capacidad para conectar con el Poder cósmico que lo crea todo.

A mí me gusta creer que el Poder que hay en mi interior que hace que mi cuerpo respire es el mismo que me proporciona todo cuando necesito, simple y llanamente. El Universo es generoso y abundante, y es nuestro derecho de nacimiento recibir todo cuanto necesitamos, a no ser que elijamos creer lo contrario.

Vivo en un universo amigable

¿Qué te parece la idea de un Universo amigable?», le preguntó Robert Holden a Louise.

«Creo que es una buena idea», respondió ella con una sonrisa tras hacer una pausa para reflexionar sobre ello.

«¿Es amigable el Universo?», le preguntó él.

«Solo hay una forma de averiguarlo», repuso ella.

«¿Y cuál es?»

«Responder que sí», le contestó Louise con una sonrisa.

«¿A qué te refieres?»

«Si respondes que no, nunca descubrirás si el Universo es amigable», afirmó ella.

«Porque, si dices que no, no lo verás.»

«Así es. Pero si dices que sí, es posible que lo veas.»

«Todo depende de la respuesta.»

«Y la respuesta depende de nosotros», señaló Louise.

Estoy abierto a cambios nuevos y maravillosos

En este mundo hay una abundancia inmensa aguardando a que la disfrutes. Si supieras que hay más dinero del que nunca podrás llegar a gastar, o más personas de las que nunca podrás llegar a conocer, y más dicha de la que te podrías imaginar, tendrías todo cuanto necesitas y deseas. Si pides que todo lo que recibes sea para tu mayor bien, confía en que el Poder que hay en tu interior te lo concederá. Sé sincero contigo mismo y con los demás. No te engañes a ti mismo, ni siquiera un poco, porque solo te perjudicaría.

La Inteligencia Infinita que todo lo impregna te está diciendo «Sí». Cuando algo llegue a tu vida, no lo rechaces, dile «¡Sí!» Ábrete para recibir todo lo bueno. Dile «¡Sí!» a tu mundo. En tal caso, las oportunidades y la prosperidad se centuplicarán en tu vida.

TODO SUCEDE EN EL MOMENTO Y EL LUGAR PERFECTOS

Creo que cada uno venimos a este planeta para aprender ciertas lecciones. En cuanto las hemos aprendido, lo abandonamos. Una lección para una vida en concreto puede ser corta. Sea como sea como abandonemos este mundo y sea cuando sea que lo hagamos, creo que es la decisión del alma y que ocurre en el momento y el lugar perfectos. Nuestra alma nos permite irnos de la forma que más nos convenga en esa ocasión. Cuando vemos la vida con una visión panorámica, es imposible juzgar cualquier método que alguien elija para dejar este mundo.

ME ENCANTA TOMARME TIEMPO PARA COMER DE MANERA CONSCIENTE Y DISFRUTAR PLENAMENTE DE LA COMIDA

Afirmaciones para las comidas

Me siento sumamente agradecido por esta comida maravillosa.
A mi cuerpo le encanta la forma en que elijo
los alimentos perfectos para cada comida.
Todas mis comidas son armoniosas.
Me encanta tomarme tiempo para comer de manera consciente
y disfrutar plenamente de la comida.
Estoy bien alimentado para afrontar la jornada que me espera.
Mi cuerpo sana y se fortalece con cada bocado que ingiero.
La hora de las comidas es un tiempo feliz.
Mi familia se reúne con gran alegría y amor.
Le doy las gracias a esta comida y a mi cuerpo con amor.
Escucho a mi cuerpo para saber cuándo estoy satisfecho y lleno.
Escucho a mi cuerpo mientras como.
Mientras como presto atención a todos mis sentidos.
Esta comida me está sanando.
Mis papilas gustativas están cambiando cada día, ya no
ansío ingerir alimentos que no me nutren.
Escucho a mi apetito y este me guía
para elegir alimentos que sean afectuosos y nutritivos.
Estoy dispuesto a bajar el ritmo
y a dedicar este rato a alimentarme.

LA LIBERTAD ES MI DERECHO DIVINO

Nos envían a este planeta dotados de una absoluta libertad para elegir. Y nosotros somos los que tomamos las decisiones en nuestra mente. Ninguna persona, lugar o cosa puede pensar por nosotros si no se lo permitimos. Somos los únicos que tenemos nuestros pensamientos. En nuestra mente somos totalmente libres. Aquello que elegimos pensar y creer puede cambiar nuestras circunstancias actuales hasta unos extremos increíbles.

Soy libre de tener pensamientos maravillosos. Dejo atrás las limitaciones del pasado para ser libre. Ahora me estoy convirtiendo en todo aquello que fui creado para ser.

ESTOY ABIERTO Y RECEPTIVO A TODO LO BUENO Y A LA ABUNDANCIA DEL UNIVERSO

Me siento al menos una vez al día con los brazos abiertos de par en par y afirmo: «Estoy abierta y receptiva a todo lo bueno y a la abundancia del Universo». Me da una sensación de expansión.

El Universo solo puede darme aquello de lo que tengo conciencia, y *siempre* puedo crear más en mi mente. Es como un banco cósmico. Hago ingresos mentales al aumentar la conciencia que tengo de mi propia capacidad creadora. La meditación, los tratamientos saludables y las afirmaciones son ingresos mentales. Adquiramos la costumbre de hacer a diario ese tipo de ingresos.

ESTOY A SALVO EN EL UNIVERSO
Y TODA LA VIDA ME AMA Y ME APOYA

Las estrellas, la Luna y el Sol funcionan en un perfecto orden Divino. Hay un orden, un ritmo y una finalidad en su curso. Formo parte del Universo; por lo tanto, sé que hay un orden, un ritmo y una finalidad en mi vida. A veces puede parecer que mi vida es un caos, pero detrás del caos sé que hay un orden Divino. A medida que ordeno mi mente y aprendo mis lecciones, el caos desaparece y vuelve el orden. Confío en que mi vida sigue realmente un perfecto orden Divino. Todo está bien en mi mundo.

VIVO Y RESIDO EN LA TOTALIDAD DE LAS POSIBILIDADES

Repite conmigo: «Vivo y resido en la totalidad de las posibilidades. Donde me encuentro hay de todo lo bueno». Reflexiona sobre estas palabras un minuto. *Todo lo bueno*. No una cierta cantidad, ni un poco, sino *todo lo bueno*. Cuando crees que cualquier cosa es posible, te abres a las soluciones en cada aspecto de tu vida.

Donde ahora estamos hay la totalidad de las posibilidades. Siempre es así a nivel individual y colectivo. O bien estamos rodeados de muros o bien los derribamos y nos sentimos lo bastante seguros como para estar totalmente abiertos y dejar que todo lo bueno llegue a nuestra vida. Empieza a observarte objetivamente. Advierte lo que está ocurriendo en tu interior —cómo te sientes, cómo reaccionas, qué es lo que crees— y obsérvate sin hacer comentarios ni juzgarte. Cuando seas capaz, vivirás tu vida desde la totalidad de las posibilidades.

AGRADEZCO LA VIDA AHORA Y SIEMPRE

En el fondo de mi ser hay un manantial inagotable de gratitud. Dejo ahora que esta gratitud me llene el corazón, el cuerpo, la mente, la conciencia y mi propio ser. El agradecimiento que siento en mi interior se irradia hacia todas partes, llega a todas las personas de mi mundo y luego vuelve a mí como más bondades por las que estar agradecido. Cuanto más agradecido me siento, más sé que la fuente de gratitud es inagotable. Estar agradecido me hace sentir bien, es una expresión de mi alegría interior. Es una calidez difusa en mi vida.

Agradezco mi ser y mi cuerpo. Agradezco la capacidad de ver y oír, de sentir, saborear y tocar. Agradezco mi hogar y me ocupo afectuosamente de él. Agradezco la familia y los amigos que tengo, y disfruto de su compañía. Agradezco mi trabajo, y doy lo mejor de mí en él todo el tiempo. Agradezco mis talentos y habilidades, y los expreso continuamente de formas que me llenan. Agradezco mis ingresos y sé que prosperaré a cada paso. Agradezco mis vivencias del pasado, sé que formaban parte del crecimiento de mi alma. Agradezco todo cuanto hay en la naturaleza y soy respetuoso con cada ser vivo. Agradezco el día de hoy y agradezco el día de mañana que vendrá.

Agradezco la Vida ahora y siempre.

Doy y recibo regalos con naturalidad

El aprecio y la aceptación actúan como potentes imanes para que ocurran milagros a cada momento del día. Los elogios son regalos de prosperidad. He aprendido a aceptarlos con naturalidad. Si alguien me elogia, sonrío y le digo: «Gracias».

El día de hoy es un regalo sagrado de la Vida. Abro los brazos de par en par para recibir toda la abundante prosperidad que me ofrece el Universo. Dejo que me llegue en cualquier momento del día o de la noche.

El Universo me apoya de cada manera posible. Vivo en un Universo afectuoso, abundante y armonioso, y se lo agradezco. Sé que hay momentos en mi vida en los que el Universo me da y yo no estoy en la situación de hacer nada para corresponderle. Recuerdo que muchas personas me ayudaron enormemente cuando yo no tenía ninguna posibilidad de darles nada a cambio. Sin embargo, más tarde he podido ayudar a otros, así es la vida. Me relajo y disfruto de la abundancia y la gratitud que se están dando en este momento.

MIS ÚLTIMOS AÑOS
SON UN VERDADERO TESORO

Queremos crear el ideal de ver nuestros últimos años como la etapa más gratificante de nuestra vida. Nuestro futuro siempre será brillante, sea cual sea la edad que tengamos. Y lo conseguiremos cambiando, simplemente, nuestros pensamientos. Ha llegado el momento de disipar las imágenes horrendas de la vejez. Ha llegado el momento de dar un salto cuántico en nuestra forma de pensar. Necesitamos eliminar la palabra *viejo* de nuestro vocabulario y convertir el planeta en un lugar donde las personas longevas siguen siendo jóvenes y donde a la esperanza de vida no se le asigna una cantidad limitada. Queremos ver nuestros últimos años siendo un auténtico tesoro.

Tenemos un mundo
sanador en el que vivir

A nivel individual puedo hacer muchas cosas positivas por el planeta. En algunas ocasiones puedo trabajar por distintas causas invirtiendo mi energía física o mi dinero en ellas. Y en otras puedo usar el poder de mis pensamientos para contribuir a sanar el planeta. Si escucho en las noticias que ha ocurrido algún desastre mundial o actos de violencia sin sentido, uso mi mente de manera positiva. Sé que si envío pensamientos de rabia hacia los responsables no estaré ayudando a sanar el mundo. Así pues, rodeo inmediatamente la situación de amor y afirmo que esta experiencia solo traerá cosas buenas. Envío energía positiva y hago visualizaciones en las que me imagino cómo el incidente se resuelve lo más rápido posible para el bien de todos. Bendigo con amor a los agresores y afirmo que esa parte suya donde reside el amor y la compasión aflora a la superficie, y que también ellos se sanan. Solo cuando todos estemos sanos y completos tendremos un mundo sanador en el que vivir.

MI VIAJE CURATIVO EMPIEZA CON PENSAMIENTOS BONDADOSOS Y AFECTUOSOS

Afirmaciones para disipar las enfermedades

Amo mi cuerpo.
A mi cuerpo le encanta estar sano.
Aprecio mi magnífico cuerpo.
Escucho los mensajes de mi cuerpo.
Amo cada célula de mi cuerpo.
Sé cómo ocuparme de mí.
Estoy más sano que nunca.
Estoy en armonía con cada parte de mi vida.
Creo afectuosamente una salud perfecta para mí.
Le doy a mi cuerpo lo que necesita a cada nivel
para gozar de una salud óptima.

TODO LO BUENO QUE HAY EN MI VIDA ME LLEGA DE TODAS PARTES Y DE TODOS

En la infinitud de la vida en la que estoy
todo es perfecto, pleno y completo.
Soy uno con el Poder que me creó.
Estoy totalmente abierto y receptivo
a la abundante entrada de prosperidad que el Universo me ofrece.
Todas mis necesidades y deseos son satisfechos
antes de pedirlo siquiera.
Lo Divino me guía y protege,
y tomo decisiones que me benefician.
Me alegro de los éxitos de los demás,
sé que hay de sobras para todos.
Mi conciencia de la abundancia aumenta constantemente
y mis ingresos cada vez mayores lo reflejan.
Todo lo bueno que hay en mi vida me llega de todas partes y de todos.
Todo está bien en mi mundo.

MIS VIDAS LLEGAN Y SE VAN, PERO YO SIEMPRE SOY ETERNO

Dejo atrás el pasado sin esfuerzo alguno y confío en el proceso de la vida. Cierro la puerta de las antiguas heridas emocionales y perdono a todo el mundo, yo incluido. Visualizo un torrente frente a mí. Arrojo al torrente todas las vivencias dolorosas, las heridas emocionales y el sufrimiento del pasado y observo cómo empiezan a dispersarse y alejarse río abajo hasta disolverse y desaparecer por completo. Soy libre y todo el mundo de mi pasado es también libre. Estoy listo para seguir adelante y emprender las nuevas aventuras que me aguardan. Las vidas en las que me reencarno llegan y se van, pero yo siempre soy eterno. Estoy vivo y vital, sea cual sea la dimensión en la que actúe. Estoy rodeado de amor ahora y siempre. Y así es.

ATRAIGO EL AMOR Y EL ROMANTICISMO
A MI VIDA Y LOS ACEPTO AHORA

Soy uno con la Vida, y la Vida me ama y me apoya. Por lo tanto, reivindico la presencia del amor y de la intimidad en mi mundo. Soy merecedor de amor. Yo no soy mis padres, ni tampoco he heredado sus patrones en cuanto a las relaciones sentimentales. Soy una persona única y elijo crear y mantener relaciones sentimentales afectuosas y duraderas que nos sustentan y apoyan a ambos en cada sentido. Mi pareja y yo somos muy compatibles, llevamos un ritmo similar y sacamos lo mejor del otro. Somos románticos y los mejores amigos. Me alegro de mantener esta relación sentimental duradera. Esta es la verdad sobre mi ser y así la acepto. Todo está bien en mi mundo amoroso.

YA SOY UNA PERSONA
MARAVILLOSA Y TRIUNFADORA

En mi interior hay todos los ingredientes necesarios para triunfar, al igual que dentro de una bellota está el roble condensado en su minúscula forma. Me marco hitos alcanzables para mí en ese momento. Me aliento y me elogio cuando progreso. Está bien aprender de cada experiencia y cometer errores mientras aprendo. Es la forma de avanzar de éxito en éxito, y cada día me resulta más fácil ver las cosas bajo esta luz. Cuando surge ante mí un fracaso, ya no huyo de él, lo reconozco como una lección. No dejo que tenga poder alguno sobre mí. Solo hay Un Poder en el Universo, y ese Poder tiene éxito en todo cuanto emprende. Fue el que me creó; por lo tanto, ya soy una persona maravillosa y triunfadora.

ESTOY RODEADO DE ARMONÍA

Cada uno somos una idea Divina expresándose de forma armoniosa por medio de la Mente Única. Hemos coincidido en la Tierra porque hay algo que necesitamos aprender unos de otros. Vivimos juntos en este mundo por un objetivo. No es necesario luchar contra ese propósito o culpar al otro por lo que está ocurriendo. Es seguro para nosotros trabajar en amarnos a nosotros mismos para que esta experiencia nos beneficie y haga crecer interiormente. Hemos elegido trabajar juntos para crear armonía con nuestro medio de vida y en cada área de nuestra vida. Todo cuanto realizamos se basa en una sola verdad, la de nuestro ser y la de la Vida.

La acción correcta Divina nos está guiando a cada momento del día. Decimos las palabras correctas en el momento oportuno, y tomamos el curso de acción adecuado en todo momento. Cada persona forma parte de un conjunto armonioso. Se da una mezcla Divina de energías mientras trabajamos juntos alegremente, apoyándonos y animándonos mutuamente de formas satisfactorias y productivas. Triunfamos en cada área de nuestra profesión y de nuestra vida. Estamos sanos y felices, somos afectuosos, alegres, respetuosos y solidarios y nos sentimos en paz con nosotros mismos y con los demás. ¡Que así sea, y así es!

Abandono los pensamientos de pobreza para tener pensamientos de prosperidad

Muchas personas se preocupan por la economía y creen que ganarán o perderán dinero por la situación económica actual. Sin embargo, la economía siempre está teniendo altibajos. Por eso no importa lo que ocurre «ahí fuera» o lo que otros hagan para cambiar la economía. No estamos atrapados a causa de la economía. Ocurra lo que ocurra «ahí fuera» en el mundo, solo importa lo que crees sobre ti.

Si te da miedo acabar siendo un sintecho, pregúntate: «¿Acaso no tengo siempre un hogar en mi interior? ¿En qué sentido me siento abandonado? ¿Qué necesito hacer para gozar de paz interior?» Las vivencias externas reflejan las creencias internas.

Yo siempre he usado la afirmación: *Mis ingresos están aumentando constantemente.* Otra afirmación que me gusta es: *Supero el nivel económico de mis padres.* Tienes derecho a ganar más dinero del que tus padres ganaban. En realidad, es necesario, ya que ahora todo está más caro. Las mujeres, en especial, tienen un conflicto interior en este sentido. Les cuesta ganar más dinero del que sus padres ganan. Pero tienen que superar la sensación de no merecérselo y aceptar su derecho Divino a una abundante riqueza financiera.

Convierto en un éxito todo cuanto toco

Muchas personas tienen creencias negativas sobre la prosperidad y el dinero. Se las inculcaron en la infancia, pero ahora en la adultez son incapaces de cambiarlas para mejorar su vida. Afirmemos juntos: *Perdono ahora a quienes en mi infancia, debido a su ignorancia, me enseñaron cosas negativas e incorrectas sobre mí. Quiero a mis padres, y ahora supero sus antiguos pensamientos limitadores. Declaro que estas afirmaciones son mis verdaderas nuevas creencias sobre mí y sobre la vida. Las acepto como la verdad y sé que me merezco todo lo bueno del mundo.*

Aquí tienes más afirmaciones para ti. Te será útil escribirlas en una hoja de papel y dejarlas en un lugar donde las veas con frecuencia.

*Hoy soy rico. Está bien si mi familia
y mis amigos de la infancia siguen creyendo
en pensamientos limitadores. No tienen por qué
crecer del mismo modo que yo estoy creciendo.
Hay más dinero en este mundo
que granos de arena.
Dios ama a los que usan sus talentos
y habilidades para ser ricos de formas afectuosas.
Me importo a mí mismo y le importo a la Vida.
El Universo me ama y me aprecia enormemente.
Como parte de mi crecimiento espiritual, soy libre
de pasar de un nivel social a otro
sin sentir culpabilidad ni miedo.*

LAS PRIMERAS PALABRAS QUE ME DIGO CADA DÍA SON *TE AMO*

Quiero que lo primero que hagas por la mañana y lo último que hagas por la noche sea mirarte a los ojos y decir: «Te amo, te amo de verdad. Y te acepto exactamente tal como eres». Al principio, tal vez te cueste, pero síguelo haciendo y al cabo de poco esta afirmación será cierta para ti. ¡Qué fabuloso será!

Descubrirás que, a medida que te amas más, también aumenta tu autoestima, y además te resultará más fácil hacer cualquier cambio que necesites al saber que es el apropiado para ti. El amor nunca se encuentra fuera de ti, siempre lo llevas dentro. Cuanto más te ames, más te amarán.

Así que decide tener nuevos pensamientos sobre ti, y también palabras nuevas para decirte lo magnífico que eres y que te mereces todo lo bueno que la Vida tiene para ofrecerte.

Elijo hacer que el resto de mi vida sea lo mejor de mi vida

Elijo ahora dejar atrás las creencias limitadoras que me han estado negando los beneficios que tanto deseo. Declaro que ahora elimino y abandono todos los patrones mentales negativos que hay en mi conciencia. La estoy llenando de patrones mentales alegres, positivos y afectuosos que contribuyen a mi salud, mi riqueza y mis relaciones afectuosas. Me desprendo ahora de todos los patrones negativos que han contribuido al miedo a las pérdidas, al miedo a la oscuridad, al miedo a ser herido emocionalmente o miedo a la pobreza. También dejo atrás los patrones negativos que me han causado sufrimiento, soledad, maltratos hacia mí mismo, una baja autoestima, cargas o pérdidas de cualquier tipo y cualquier otro sinsentido que pueda aún quedar en algún oscuro recoveco de mi conciencia.

Ahora soy libre para dejar que lo bueno se manifieste en mi vida. Declaro mi derecho a gozar de la riqueza y la plenitud de la vida en toda su profusa abundancia: de amor, fluyendo abundantemente; de prosperidad, a manos llenas; de una salud radiante, llena de vitalidad; de creatividad, siempre nueva y fresca; y de paz a mi alrededor. Me merezco todo esto y ahora estoy dispuesto a aceptarlo y a tenerlo permanentemente. Colaboro con la Totalidad Única e Infinita de la Vida en la creación, y la totalidad de las posibilidades se encuentra ante mí.

Estoy abierto y receptivo
a nuevos canales de ingresos

Abandonemos la mentalidad de unos «ingresos fijos». No le pongas límites al Universo insistiendo en que «solo» tienes un cierto salario o ingresos. El salario o los ingresos son un *canal,* y no una *fuente.* Tus ingresos proceden de una fuente, la del propio Universo.

Hay una cantidad infinita de canales por donde te puede entrar el dinero. Ábrete a ellos. Acepta que el dinero puede llegarte de cualquier parte y de todos sitios. Cuando te encuentres una moneda por la calle, dile «¡Gracias!» a la fuente. Aunque sea una cantidad pequeña, significa que se están abriendo nuevos canales en tu vida.

Estoy abierto y receptivo a nuevos canales de ingresos.
Ahora recibo ingresos de fuentes
esperadas e inesperadas.
Soy un ser ilimitado que acepta lo que me da una fuente ilimitada
de forma ilimitada.

AMO MI MENTE Y MI MENTE ME AMA

Detente un momento y observa tus pensamientos. ¿Qué estás pensando ahora? Si los pensamientos dan forma a tu vida y a tus experiencias, ¿acaso no quieres que este pensamiento se haga realidad para ti? ¿Es un pensamiento de preocupación, enojo, dolor o venganza? ¿Qué es lo que crees que este pensamiento te traerá? Si quieres ser feliz en la vida, ten pensamientos felices. Cualquier cosa que envíes mental o verbalmente volverá a ti en una forma parecida.

Dedícate un poco a escuchar las palabras que te dices en tu cabeza. Si oyes decirte algo tres veces, escríbelo. Significa que se ha convertido en un patrón para ti. Al final de la semana, consulta la lista que has escrito y descubrirás cuántas palabras encajan con tus experiencias. Desea cambiar tus pensamientos y tus palabras y observa cómo cambia tu vida. La forma de controlar tu vida es controlar las palabras y los pensamientos que eliges. Tú y solo tú eres quien concibe los pensamientos en tu mente.

MEREZCO SENTIRME BIEN

La vida es muy sencilla. Creamos nuestras experiencias con nuestros patrones mentales y emocionales. Aquello que creemos sobre nosotros mismos y sobre la vida se hace realidad para nosotros. Los pensamientos no son sino palabras hilvanadas. No tienen un significado en sí mismos. Somos nosotros los que se lo damos. Les damos un significado al fijarnos en los mensajes negativos en nuestra mente una y otra vez.

Lo que hacemos con nuestros sentimientos es muy importante. ¿Nos dejamos arrastrar por ellos? ¿Castigamos a los demás? La tristeza, la soledad, la culpabilidad, la ira y el miedo son emociones normales. Pero cuando son las que llevan las riendas y se vuelven predominantes, nuestra vida puede ser un campo de batalla emocional.

A través del trabajo con el espejo, el amor propio y las afirmaciones positivas te sustentas y te liberas de cualquier clase de ansiedad que puedas estar sintiendo. ¿Crees merecerte gozar de paz y serenidad en tu vida emocional?

Afirmemos: *Me libero de los patrones en mi conciencia que me están impidiendo sentirme bien. Merezco disfrutar de bienestar.*

SUPERO TODAS MIS LIMITACIONES

Envuelvo a todos mis familiares en un círculo de amor, tanto a los que viven como a los que ya han fallecido. Visualizo experiencias maravillosas y armoniosas que son significativas para todos nosotros. Me siento tremendamente agradecido por formar parte de esta red eterna de amor incondicional que nos une. Mis antepasados lo hicieron todo lo mejor posible con el conocimiento y la comprensión que tenían en aquella época, y los hijos que aún no han nacido afrontarán retos nuevos en su vida y también lo harán lo mejor posible con los conocimientos y la comprensión que tendrán. Cada día veo con más claridad cuál es mi tarea, que consiste, sencillamente, en abandonar las antiguas limitaciones de mi familia y despertar a la armonía Divina.

Ahora ya soy adulto y me ocupo afectuosamente de mi niño interior

Afirmaciones para sustentar a tu niño interior

Me amo por completo en el ahora.
Acepto con amor al niño que llevo dentro.
Estoy dispuesto a superar mis limitaciones.
Me hago responsable de mi vida. Soy libre.
Ahora ya soy adulto y me ocupo
afectuosamente de mi niño interior.
Supero ahora mis antiguos miedos y limitaciones.
Estoy en paz conmigo mismo y con mi vida.
Expreso con seguridad mis emociones.
Me amo y me apruebo.
Ahora estoy creando mi futuro.

Solo me esperan cosas buenas

Cuando pasas un tiempo con Louise Hay, acabas viendo que no solo piensa en afirmaciones, sino que además las vive. No dice, simplemente, afirmaciones durante 10 minutos por la mañana y luego se sumerge en su vida cotidiana, sino que se las lleva consigo a lo largo de la jornada. Para recordarlas, ha pegado discretamente afirmaciones por toda la casa. Encuentras afirmaciones como *La vida me ama,* en el espejo del cuarto de baño; *Todo está bien,* al lado del interruptor de la luz del pasillo, y *Solo me esperan cosas buenas,* en la pared de la cocina. En su coche hay otra que pone: *Les deseo a todas las personas de mi vida que sean felices y prósperas, y ellas me lo desean a mí.*

ME RELAJO, SÉ QUE LA VIDA ME APOYA EN TODO MOMENTO

Nunca me siento solo ni abandonado en el Universo. Toda la Vida me apoya a cada momento del día y de la noche. Ya he recibido todo cuanto necesito para llevar una vida satisfactoria. Ya tengo el suficiente aire como para que me dure hasta el último día de mi vida. La tierra me abastece con comida en abundancia. Hay millones de personas con las que interactuar. La Vida me apoya de cada forma posible.

Cada pensamiento que tengo se refleja en mis experiencias. La Vida siempre me dice «sí». Lo único que tengo que hacer es aceptar esta abundancia y este apoyo con alegría, placer y gratitud. Me desprendo ahora de cualquier patrón o creencia en mi conciencia que me haya estado impidiendo recibir cualquier cosa positiva. La misma Vida me ama y me apoya.

Estamos aquí para desearnos felicidad y prosperidad unos a otros

Una de las maneras de atraer dinero a tu vida es contribuir con un diezmo de tus ganancias o con una donación. Contribuir con el 10 por ciento de los ingresos es un principio muy antiguo e implantado. A mí me gusta considerarlo como una devolución a la Vida. Al parecer, cuando lo hacemos gozamos de más prosperidad.

¿Quién o qué te ha sustentado en tu búsqueda para mejorar la calidad de tu vida? Esa sería la persona o la entidad perfecta para contribuir con el diezmo. Si no te atrae la idea de dar un diezmo a una iglesia o a una persona, hay muchas organizaciones benéficas maravillosas que podrían beneficiar a otros con tus contribuciones. Investiga y descubre la que más te conviene. La gente suele decir: «Haré una donación cuando tenga más dinero». Pero, por supuesto, nunca lo hace. Si deseas contribuir, empieza ya y verás cómo recibes los beneficios en abundancia en tu vida. Sin embargo, si solo aportas tu diezmo para «tener más», es que no has entendido de qué va. Tienes que darlo sin esperar nada a cambio o no te funcionará. Yo creo que la vida me ha tratado bien, y me hace feliz devolverle el favor de distintas maneras.

Vivo en un universo que me dice «sí»

He aprendido que en realidad no hay más que dos patrones mentales que contribuyen a las enfermedades: el miedo y la ira. La ira puede manifestarse como impaciencia, irritación, frustración, críticas, resentimiento, envidia o amargura. Son todos pensamientos que envenenan el cuerpo. Cuando nos despojamos de esta carga, todos los órganos del cuerpo empiezan a funcionar óptimamente. El miedo puede manifestarse como tensión, ansiedad, nerviosismo, preocupación, dudas, inseguridad, la sensación de no valer lo suficiente o una baja autoestima. ¿Te identificas con cualquiera de estas emociones? Si queremos sanar debemos aprender a reemplazar el miedo por la fe.

¿Fe en qué? Fe en la vida. Creo que vivimos en un Universo que nos dice «sí». Sea lo que sea lo que elijamos creer o pensar, el Universo siempre nos dice «sí». Si pensamos en la pobreza, el Universo nos dice «sí» a la pobreza. Si pensamos en la prosperidad, el Universo nos dice «sí» a la prosperidad. Por eso queremos pensar y creer que tenemos el derecho a estar sanos, que la salud es algo natural para nosotros. El Universo nos apoyará y nos dirá «sí» a esta convicción. Sé una persona que dice «sí» y advierte que vives en un mundo que dice «sí», y que es respondido por un Universo que dice «sí».

AMO EL PLANETA

Imagínate el mundo como un lugar maravilloso en el que vivir. Piensa que las enfermedades ya forman parte del pasado y que los hospitales son ahora edificios de viviendas. Ve cómo les enseñan a los reclusos a amarse a sí mismos y los dejan en libertad como ciudadanos responsables. Imagínate a las iglesias eliminando el pecado y la culpabilidad de sus enseñanzas. Imagínate a los gobiernos ocupándose de verdad de la gente.

Sal al aire libre y siente el agua pura de la lluvia en tu piel. Mientras deja de llover, visualiza un precioso arcoíris apareciendo en el cielo. Ve el sol brillando. Aspira el aire limpio y fresco. Imagínate el agua resplandeciendo y centelleando en los ríos, los arroyos y los lagos. Y contempla la vegetación exuberante. Los bosques poblados de árboles. Flores, frutos y verduras creciendo en abundancia por todas partes.

Viaja con la mente a otros países y visualiza que por todos los lugares hay paz y abundancia. Imagínate que todos los habitantes del mundo mantienen relaciones armoniosas los unos con los otros mientras dejan las armas. Los juicios, las críticas y los prejuicios se vuelven arcaicos y desaparecen de la Tierra. Imagínate que las fronteras se derrumban y la separación desaparece. Todo se vuelve uno. La Madre Tierra, el planeta, está sana y completa.

Estás creando ahora este mundo nuevo usando solo tu mente para imaginártelo. Eres poderoso. Eres importante, y cuentas. Vive tu visión. Sal afuera y haz todo lo posible para materializarla. Que Dios nos bendiga. Y así es.

Me amo, amo a los demás y dejo que me amen

Abramos nuestro corazón para tratar a todo el mundo con amor, solidaridad e interés. Irradiemos también ese amor a las personas que viven en la calle y que no tienen adónde ir. Compartamos nuestro amor con los enfurecidos, los asustados o los sufridores. Enviemos nuestro amor a los que están a punto de abandonar el planeta y a los que ya lo han abandonado.

Compartamos nuestro amor con todo el mundo, lo acepten o no. Llevemos al planeta entero en nuestro corazón: los animales, las plantas y todo el mundo. Las personas con las que estamos enojados o que nos hacen sentir frustrados. Las que no actúan como a nosotros nos gustaría. Llevemos también en nuestro corazón a las que expresan la llamada maldad, para que puedan empezar a reconocer quiénes son realmente con una sensación de seguridad.

Imagínate la paz extendiéndose por todo el planeta. No olvides que estás contribuyendo a esa paz ahora mismo. Alégrate de poder hacer algo positivo para ayudar. Acepta lo maravilloso que eres. Reconoce que esta es la verdad para ti. Y así es.

ESTE MUNDO ES NUESTRO CIELO EN LA TIERRA

Somos una comunidad de almas espirituales que nos hemos reunido para compartir, crecer interiormente e irradiar nuestras energías al mundo. Cada una es libre de realizar su propia actividad, y hemos coincidido en este planeta para alcanzar mejor el objetivo de cada uno. Nos están guiando para que creemos un nuevo Cielo en la Tierra con los que también desean demostrarse a sí mismos y demostrar a los demás que podemos hacerlo realidad.

Vivimos juntos con armonía, afecto y paz, expresando a Dios en nuestra vida y en nuestra profesión. Establecemos un mundo donde sustentar el crecimiento del alma es la actividad más importante, y donde constituye la tarea de cada uno. Tenemos tiempo y oportunidades de sobra para expresarnos creativamente en cualquier área que elijamos. Todo cuanto necesitamos lo podemos expresar mediante nuestro poder interior. No existen enfermedades, pobreza, crímenes ni engaños. El mundo del futuro empieza ahora, en este mismo instante, con todos nosotros. Y así es.

TODO ESTÁ BIEN EN MI MUNDO

En la infinitud de la vida en la que estoy
todo es perfecto, pleno y completo.
Cada uno de nosotros, incluido yo,
experimenta la riqueza y la plenitud
de la vida de formas significativas.
Ahora contemplo el pasado con amor y elijo
aprender de mis antiguas experiencias.
No existe lo correcto o lo incorrecto, lo bueno o lo malo.
El pasado ya se ha ido.
Ahora solo existe la experiencia presente.
Me amo por haber dejado atrás el pasado
y vivir el ahora.
Comparto quién soy y lo que soy,
pues sé que todos somos uno en Espíritu.
Todo está bien en mi mundo.

VEO EL MUNDO CONVIRTIÉNDOSE EN UN CÍRCULO INCREÍBLE DE AMOR

Piensa en hoy y en cada día como un tiempo de aprendizaje, un nuevo comienzo. Es una oportunidad para cambiar y crecer, para abrir tu conciencia a un nivel nuevo y considerar ideas nuevas y nuevas formas de pensar, para imaginar el mundo en el que soñamos vivir. Nuestra visión nos ayuda a crearlo.

Soy un ser radiante de amor

En el fondo de mi ser hay una reserva infinita de amor. Es inagotable. Como no se puede vaciar nunca en esta vida, no tengo por qué escatimar su uso. Siempre puedo ser generoso con mi amor. El amor es contagioso. Cuando lo comparto, vuelve a mí multiplicado. Cuanto más amor doy, más tengo. He venido a este mundo para dar amor. He llegado a él lleno de amor. Y aunque lo esté compartiendo toda mi vida, cuando abandone esta Tierra seguiré teniendo un corazón lleno a rebosar de amor y feliz. Si quiero recibir más amor, solo tengo que ofrecerlo. El amor existe, y yo existo.

Dejo que el espíritu
del amor fluya hoy por mí

Retrocede en el tiempo y recuerda las mejores Navidades que tuviste en la infancia. Evoca el recuerdo y obsérvalo con claridad en tu mente. Recuerda las imágenes, los aromas, los sabores, las texturas y las personas que estaban presentes. ¿Cuáles fueron algunas cosas que hiciste? Si por casualidad nunca viviste una Navidad maravillosa de pequeño, hazlo ahora. Celébrala exactamente como te gustaría que fuera.

Mientras recuerdas aquellas Navidades especiales, advierte cómo se abre tu corazón. Quizás una de las cosas más maravillosas sobre esa Navidad en particular fuera la presencia del amor. Deja que el espíritu del amor fluya ahora por ti. Lleva en tu corazón a todas las personas que conoces y que te importan. Rodéalas de amor.

Recuerda que puedes llevar contigo esa sensación especial de amor y de espíritu navideño a todas partes y en todo momento, y no solo en Navidad. Eres amor. Eres Espíritu. Eres luz. Eres energía. Y así es.

Tengo bastante amor en mi corazón como para sanar al planeta entero

Hay bastante amor en ti como para amar al planeta entero, y el amor empieza por uno mismo. Comienza por afirmar: *La Vida me ama y yo amo la Vida.* Dilo en voz alta. Dilo varias veces. Completa la frase: *Una forma en que la vida me ama ahora mismo es...* Da las gracias por lo que tienes. Si descubres que te cuesta, afirma que estás dispuesto a recibir y que estás abierto a todas las ofertas de ayuda. Afirma: *Hoy avanzo hacia mi mayor bien. Mi mayor bien está en todas partes, y estoy a salvo y seguro.*

Deséales a todas las personas que amas que tengan hoy un día estupendo. Afirma para ellos: *La vida te ama.* Reza para que se den cuenta de lo afortunados que son y para que reconozcan la verdad básica sobre sí mismos, que es: *Soy digno de amor.* Alégrate de su éxito, su abundancia, su buena salud y su buena suerte. Recuerda, si quieres que tu familia te ame y te acepte, tú también tienes que amarles y aceptarles. Afirma: *Me alegro de la felicidad de los demás, sé que hay de sobras para todos.*

La vida nos ama, y hoy le deseo inmensamente a todo el mundo lo mejor

Ten presente hoy que le desearás lo mejor a todas las personas con las que te encuentres. Deséales lo mejor a los vecinos de ambos lados de tu calle. Deséales lo mejor a los padres que habitualmente ves en la entrada del colegio. Deséale lo mejor al dependiente de la tienda del barrio, al cartero, al conductor de autobús y a cualquier otra cara conocida que encuentres en tu comunidad. Deséales lo mejor a los árboles de tu calle. Deséale lo mejor al vecindario entero. Afirma: *La vida os ama y hoy os deseo inmensamente lo mejor.*

Deséales lo mejor a las personas a las que te sientes tentado a negarles tu amor. Deséale lo mejor a aquella que más juzgas y afirma: *La vida nos ama a todos.* Deséale lo mejor a aquella con la que más discutes y afirma: *La vida nos ama a todos.* Deséale lo mejor a aquella de la que más te quejas y afirma: *La vida nos ama a todos.* Deséale lo mejor a aquella que más envidias y afirma: *La vida nos ama a todos.* Deséale lo mejor a aquella con la que más compites y afirma: *La vida nos ama a todos.* Deséales lo mejor a tus enemigos, para no ser enemigo de nadie. Afirma: *Todos somos merecedores de amor. La vida nos ama a todos. En el amor, todos salimos ganando.*

Veo el mundo con los ojos del amor y la aceptación

Tú eres importante y lo que haces con tu mente marca una diferencia. Deséale lo mejor al mundo entero cada día. Cuando afirmas *La Vida me ama y yo amo la Vida*, pintas en tu conciencia un círculo completo de dar y de recibir. *La Vida me ama* representa el principio de recibir, y *yo amo la Vida*, el principio de dar. La afirmación entera te apoya para que des y recibas amor en igual medida. En realidad, dar *es* recibir. Quien da y quien recibe son la misma persona. Recibes lo que das. Y lo que recibes, lo puedes dar. Esta conciencia es lo que te ayuda a ser realmente una presencia amorosa en el mundo.

Afirma: *La Vida me ama y yo amo la Vida.* Imagínate que llevas en tu corazón al planeta entero. Ama los animales. Ama las plantas. Ama los océanos. Ama las estrellas. Visualiza titulares de la prensa como «El fin de la pobreza», o «Paz en la Tierra». Cada vez que le deseas lo mejor al mundo con amor, conectas con millones de personas haciendo lo mismo. Contempla al mundo evolucionar hoy hacia el amor. Afirma: *Juntos estamos creando un mundo donde es seguro amarnos mutuamente.*

ESTOY A SALVO Y SEGURO MIENTRAS ME DIRIJO HACIA MI MAYOR BIEN

El pasado ya se ha ido. Ha regresado a la nada de la que vino. Estoy libre. Tengo una sensación nueva de orgullo y de valía personal. Confío en mi capacidad para amar y salir adelante por mí mismo. He aprendido que soy capaz de crecer y cambiar positivamente. Soy fuerte. Estoy unido a la Vida entera. Soy uno con el Poder y la Inteligencia Universales. La Sabiduría Divina me dirige y me guía a cada paso de mi camino. Estoy a salvo y seguro mientras me dirijo hacia mi mayor bien. Lo llevo a cabo con naturalidad y alegría. Soy una persona nueva, viviendo en el mundo en el que he elegido vivir. Me siento sumamente agradecido por todo cuanto tengo y todo cuanto soy. Soy una persona afortunada y próspera en todos los sentidos. Todo está bien en mi mundo.

ESTOY ABIERTO Y RECEPTIVO
AL SIGUIENTE PASO QUE DARÉ EN LA VIDA

No importa el tiempo que llevemos experimentando patrones negativos, enfermedades, relaciones pésimas, falta de medios económicos u odio hacia nosotros mismos. Hoy, en este mismo momento, podemos empezar a hacer un cambio en nuestra mente. Los pensamientos que concebimos y las palabras que nos hemos estado diciendo una y otra vez han creado nuestra vida y nuestras vivencias hasta este momento. Pero todo esto ya forma parte del pasado, ya no tenemos por qué seguir repitiéndolo. Lo que elegimos pensar y decir hoy, en este mismo momento, es lo que creará el mañana, el día siguiente, la semana siguiente, el mes siguiente, el año que viene y todos los otros que vendrán. El momento de poder siempre se encuentra en el ahora. Este es el instante en que empezamos a hacer cambios. ¡Qué idea tan liberadora! Dejemos atrás todo el antiguo sinsentido. Ahora mismo. Un nuevo comienzo, por pequeño que sea, hará una diferencia en nuestra vida.

31 DE DICIEMBRE

AMO LA VIDA Y LA VIDA ME AMA

Esta es mi historia de amor. Solo elijo pensamientos que creen un futuro maravilloso, y ahora me estoy dirigiendo hacia él. Mi corazón está más y más abierto a cada momento. El caudal de amor que fluye de mí y hacia mí es cada vez mayor. El amor incondicional y la aceptación son los mejores regalos. Los doy y los recibo... y ahora me los ofrezco a mí. Estoy aprendiendo los secretos de la Vida. A decir verdad, todo es muy sencillo: cuanto más me amo, más siento que la Vida me ama. Cuánto más me amo, más sano estoy. Cuanto más me amo, más deliciosa se vuelve mi vida.

Me doy luz verde para seguir adelante y acepto alegremente mis nuevos hábitos dietéticos y mentales. Cuanto más me nutro, más agradecido estoy de estar vivo. Vivir otro día maravilloso es para mí una alegría y un placer. Cada persona de este planeta está interconectada con el amor, y el amor empieza por uno mismo. Envío pensamientos afectuosos a todo cuanto existe. El amor y el perdón nos curan a todos. Llevo una vida equilibrada y gozo de un buen sistema inmunitario. Estoy sano, pleno y curado, y la Vida me ama.

SOBRE LA AUTORA

Louise Hay ha sido una inspiradora maestra para millones de personas de todo el mundo. Desde que publicó en 1984 su superventas *Usted puede sanar su vida,* se han vendido más de 50 millones de ejemplares a nivel internacional. Célebre por demostrar el poder de las afirmaciones para producir cambios positivos, Louise escribió más de 30 libros para adultos y niños, como los superventas *El poder está dentro de ti* y *Sana tu cuerpo.* Además de sus libros, ha creado numerosos cursos en audio y en video, mazos de cartas, cursos *online* y otros recursos para llevar una vida sana, feliz y plena.